AF611320

MADAME

MARIE THÉRÈSE

DE FRANCE,

FILLE DE LOUIS XVI.

Tout exemplaire de cet ouvrage non revêtu de ma signature, sera réputé contrefait.

PARIS. — TYPOGRAPHIE DE FIRMIN DIDOT FRÈRES,
Imprimeurs de l'Institut, rue Jacob, 56.

MARIE-THÉRÈSE, FILLE DE LOUIS XVI

Dieu sauve la France !

Frohsdorf 14 Juin 1851. Marie Thérèse

MADAME

MARIE-THÉRÈSE DE FRANCE,

FILLE DE LOUIS XVI.

Relation du Voyage de Varennes,

et Récit de sa Captivité à la tour du Temple,

ÉCRITS PAR ELLE-MÊME;

PRÉCÉDÉS D'UNE NOTICE

PAR

LE Mis DE PASTORET.

O mon Dieu! pardonnez à ceux qui ont fait mourir mes parents!....
(Tracé sur le mur du Temple par l'auguste fille de Louis XVI.)

BIBLIOTHÈQUE NATIONALE R.F. IMPRIMÉS

PARIS,
A LA LIBRAIRIE DE PIÉTÉ ET D'ÉDUCATION
D'AUGUSTE VATON, ÉDITEUR,
RUE DU BAC, N° 50.

1852

MADAME

MARIE-THÉRÈSE-CHARLOTTE

DE FRANCE,

PAR M. LE MARQUIS DE PASTORET.

C'est aujourd'hui, c'est dans quelques heures que vont s'élever du sein de nos églises, non *ces grandes voix qui commandent* (1), mais *ces humbles prières qui se prosternent* (2), prières efficaces et saintes pour lesquelles le Très-Haut *a toujours l'oreille ouverte* (3), car elles sortent du cœur et ne vont demander au souverain juge ni malédictions ni vengeances. Retentissement éloigné des constantes douleurs et des dernières pensées de celle qui n'est plus, elles vont, jusque dans le sein du Dieu qu'elles implorent, louer les vertus dont il a voulu qu'elle demeurât soixante ans l'admirable exemple, et les souffrances qui ont été le trésor de sa vie. L'Europe entière l'appelle déjà *la sainte* : la France aura en elle une nouvelle patronne. Aujourd'hui jeudi, 6 no-

(1) *Apocalypse*, 16, 17.
(2) *Daniel*, 18, 20.
(3) *Saint Pierre*, ch. 1, vers. 3.

vembre, des messes seront célébrées d'heure en heure à toutes les paroisses de Paris, pour l'âme de Marie-Thérèse-Charlotte de France, morte loin de sa patrie, le 19 octobre, et ensevelie sur la terre étrangère.

Autrefois, et dans les jours solennels de la monarchie, lorsque la mort avait frappé une tête royale; lorsque, sous les voûtes du vieux Saint-Denis, se déployaient les splendeurs funéraires qui attestaient aux yeux le néant de la royauté et la puissance de la mort; lorsque déjà la couronne, le sceptre, la main de justice ou l'épée des conquêtes attendaient près du sépulcre entr'ouvert le moment solennel où ils y seraient précipités, le cercueil qui arrivait, entouré de tout ce qu'il y avait d'éclatant dans les grandeurs et d'illustre dans les souvenirs, était arrêté devant les portes de la basilique. La crosse à la main et la croix sur la poitrine, le prieur de Saint-Denis apparaissait debout derrière cette porte, et demandait qui venait en ces lieux consacrés. « Un chrétien, répondait le premier officier de la maison royale. — Et quelle mission Dieu lui avait-il confiée sur la terre? — Il était Roi. — Et comment a-t-il rempli ses devoirs? qu'a-t-il fait pour les autres? a-t-il prié? a-t-il souffert? — Il a souffert et prié. — Que nous demande-t-il alors? — La sépulture chrétienne auprès de ses pères, les prières qui consolent, la bénédiction qui conduit au ciel. — Qu'il entre donc, répondait le prieur, puisqu'il était chrétien et qu'il a voulu remplir ses devoirs. L'autel est prêt pour les prières et le sépulcre pour le repos. »

Les portes alors tournaient sur leurs gonds de bronze, la pierre de la tombe se levait tout entière, et le chrétien qui avait été Roi entrait protégé par la prière et réconcilié par la souffrance.

Ces imposants usages n'existent plus. Saint-Denis n'a plus ses pompes, et les rois n'attendent plus sur ses degrés de pierre qu'on leur ouvre l'entrée de la sépulture. Mais si, lorsque viennent les derniers instants, on demande compte encore, à ceux dans les veines de qui coula le sang royal, des jours et des actions de leur vie, qui plus que Marie-Thérèse de France eut le droit de répondre au nom de ses longues douleurs? qui plus qu'elle eut le droit de s'avancer au-devant de la mort et de lui dire : « Je t'attends, car le Seigneur a mesuré mes douleurs à ma vie et mon courage à mes douleurs. Et mon père et ma tante, et ma mère et mon frère, et le frère de mon époux ont parlé par ma voix; tous ont pardonné comme je pardonne; c'est en leur nom que je bénis sur la terre, c'est avec eux que je vais au ciel prier pour notre France. »

Sincères et chrétiens sentiments que vous retrouvez à tous les moments de son existence!

Ne semble-t-il pas que le Seigneur ait marqué cette sainte avant sa naissance, qu'il l'ait fait passer par le trône afin que l'exemple fût plus illustre, qu'il *l'ait touché de sa main* (1), afin que ses malheurs fussent égaux à ses vertus, et qu'il l'ait con-

(1) *Lévitique*, 1, ch. IV.

sacrée, au milieu de tant d'orages et de misères, comme une expiation vivante. L'Écriture dit que l'eau des expiations n'est point amère (1) ; où serait donc cependant l'amertume, si ce n'était dans cette vie qu'accompagna si fidèlement la douleur ?

Marie-Thérèse-Charlotte de France était née le 19 décembre 1778, premier enfant d'un mariage qui, pendant dix années, avait été stérile. C'était environ le temps de cette guerre d'Amérique où quelques femmes et quelques hommes, que fatiguaient leur jeunesse et leur repos, entraînèrent la France sur les pas de M. Franklin. Marie-Thérèse devait être contemporaine de tous les malheurs. Des fêtes magnifiques signalèrent pourtant sa naissance : cent jeunes filles furent mariées à l'Hôtel-de-Ville ; Paris et Versailles furent pleins de transports et de réjouissances. Quelques années encore séparaient les jours de paix et de splendeur de ceux où la révolution allait tout détruire.

Madame Royale, comme on l'appelait, s'éleva au milieu de ses tranquilles études, sous les yeux du Roi et de la Reine, qui n'avaient encore à lui donner que l'exemple de leurs vertus, sous les yeux de cette autre sainte, madame Élisabeth, la seule personne de la cour qui eût trouvé moyen d'être aussi charmante que la Reine. Madame Royale vivait dans ce palais de Versailles où tout est souvenir et grandeur, sous les ombrages de Trianon, dont la Reine avait fait la

(1) *Nombres*, 19, ch. XIII.

colonie de ses pauvres; rarement à Marly, qui, depuis Louis XIV, n'était plus assez royal pour des Rois. Elle était svelte de taille, grave et douce de visage; de superbes cheveux d'un blond châtain, de beaux yeux garnis de longs cils, une expression ingénue mais presque imposante, la distinguaient dès lors. Le Roi, malgré son extrême jeunesse, lui avait donné une maison, comme autrefois Louis XV en avait donné une à Madame Élisabeth. Madame Élisabeth s'était presque intimidée devant la sienne; Madame Royale reçut celle qu'on lui donna avec autant de naturel que de bonne grâce. Image rajeunie de la droiture et de la bonté de son père, elle avait reçu de sa mère le sentiment de la hauteur de sa destinée; mais elle avait appris d'elle aussi que le premier attribut des grandeurs ce sont les devoirs. Elle en rencontrait chaque jour l'exemple sous ses yeux; pour peu qu'elle parcourût Trianon avec la Reine, qu'elle allât à Saint-Cyr ou à Montreuil, avec Madame Élisabeth, ou qu'elle rentrât dans la grande galerie de Versailles, remplie de courtisans et d'hommages, elle y voyait la grandeur si bienveillante, la vertu si touchante et si simple, qu'elle était bien en droit d'aimer l'une et l'autre. Versailles était rempli d'elle; et quand madame Lebrun peignit la Reine entre ses deux enfants, belle, gracieuse, environnée de bonheur et de gloire, on eût dit encore peut-être que les années qui allaient s'ouvrir ne pourraient qu'accroître les joies de cette mère et ajouter aux grandeurs de cette Reine.

Vaines espérances! misérables promesses de la sagesse humaine, qui ne prend sa force qu'en elle-même! Ces années ne seront point écoulées, qu'à peine osera-t-on reporter ses regards vers les enfants ou vers la mère. Laissez arriver l'année 1789. Voyez : la saison est avancée; octobre est venu; l'air est sombre, le ciel triste et brumeux. Ce même château de Versailles, si imposant naguère et dans son bruit et dans son silence, est livré à des orages que jamais ses murs n'avaient connus. Après des journées menaçantes, une nuit terrible a livré à la populace l'entrée de ce majestueux séjour. La foule y a pénétré, non plus la foule idolâtre dont les empressements pensèrent un soir coûter la vie à la Reine (1); mais une foule hideuse et meurtrière, des assassins, des prostituées; ils ont parcouru toutes les chambres, fouillé tous les passages; ils ont percé de balles le lit de la Reine, dont ils demandaient la tête. Puis le jour est venu; mais un jour menaçant et funeste. Des soldats envoyés de Paris, les insurgés, la populace, sont maîtres des abords du château, que les gardes du corps ont défendus au prix de leur vie. La cour de marbre est remplie d'assiégeants; les airs retentissent de cris, de blasphèmes; d'affreuses menaces appellent le Roi, la Reine, le Dauphin, Madame, qui, forcés d'abandonner leurs appartements, se sont retirés dans un salon qui donne sur cette cour. Ils ne paraissent point : vingt coups de fusil sont tirés dans

(1) En 1778, le jour de la naissance de Madame Royale.

les fenêtres. Une de ces balles traverse le salon et s'enfonce dans la boiserie, au-dessus de la tête de la Reine. A ce coup, le Roi se leva en sursaut et courut vers elle ; M. de la Luzerne, qui avait accompagné le Roi, fit, sans mot dire, un mouvement de côté et se plaça devant le carreau par où passaient les balles. « Merci, monsieur de la Luzerne, dit la Reine, merci ; mais ne vous mettez point là, ce n'est point votre place. Et vous, Sire, ajouta-t-elle en éloignant le Roi du geste, ne doublez pas le danger en le partageant ; ce n'est pas à vous qu'on s'adresse. » Elle prit Madame Royale d'une main, M. le Dauphin de l'autre, commanda d'un ton ferme à M. de la Luzerne d'ouvrir la fenêtre, et fit quelques pas pour s'y présenter. « Point d'enfants ! » s'écrièrent d'en bas quelques voix, des voix de mères, sans doute. La Reine repoussa doucement ses enfants dans la chambre, puis elle s'avança sur le balcon. Depuis un moment, la foule s'était enivrée d'une nouvelle fureur : chaque parole était une malédiction, chaque cri une menace sanglante. La populace s'agitait, se pressait, faisait retentir ses armes ; mille vociférations se mêlaient au bruit des faux et des fusils : on eût dit que le château allait être enlevé, que le massacre allait suivre. Le sifflement des balles, le bruit des sabres redoublaient encore les imprécations populaires : le mot, le geste, la menace de mort à la Reine sortaient avec fureur de toutes les bouches. Seule, debout, les bras croisés sur sa poitrine, Marie-Antoinette était immobile sur le balcon où on l'avait appelée ; son regard de mère couvrait ses enfants qui priaient à ses genoux ; son regard de Reine dominait les assassins qui avaient juré sa mort. Ce jour était le 6 octobre 1789, et ce fut le 6 octobre 1789 que Madame Royale sut ce que le mot de *révolution* voulait dire ; car la révolution compta, le 6 octobre, un nouveau triomphe.

Ne pouvant arracher encore la vie à la Reine, on voulut entraîner de force la famille royale à Paris. Vainement M. de Saint-Priest, qui parla tout à la fois en soldat et en ministre, vainement M. de la Luzerne, avec lui, donnèrent-ils de courageux et d'habiles conseils : le Roi consentit à partir pour Paris ! Il y revint, conduit au pas depuis la Cour de marbre jusqu'à l'Hôtel-de-Ville, précédé de piques sanglantes auxquelles étaient attachées les têtes des deux gardes du corps tués en défendant la Reine, escorté d'une populace ivre ou furieuse. Auprès de lui, dans son carrosse de velours et d'or, étaient la Reine indignée, mais calme ; Madame Royale, qui cherchait à lire dans les yeux de sa mère ; Madame Élisabeth, qui soignait le Dauphin ; madame de Lamballe, qui étudiait peut-être comment la populace fait mourir. De l'Hôtel-de-Ville le Roi revint aux Tuileries. Ce seul changement de résidence venait de changer les conditions de la monarchie.

Personne ne s'y trompa, en effet. Quand le Roi habitait Versailles et que les états généraux s'y assemblaient, la nation venait dans la ville royale apporter au Roi un nouvel hommage : quand le

Roi entra dans Paris, il vint dans la ville populaire subir des conditions ou accepter des lois. Louis XIV voulait bien traverser Paris, seul, à cheval et sans escorte, mais c'était pour entraîner derrière lui quatre cent mille hommes auxquels il eût confié les dernières destinées de la France (1). Louis XVI quitta Versailles trop tôt, car il le quitta sans combattre ; trop tard, car il le quitta vaincu. Il n'y a que les vainqueurs qui aient le droit de céder : et les despotes presque seuls ont trouvé le moyen d'être populaires !

Hâtons-nous de le dire toutefois ; ces hommes ivres de sang, ces femmes qu'excitait la débauche, cette multitude haletante et déguenillée, prête aux excès et suant le crime, ce n'était point le peuple de Paris ; car le peuple de Paris a conservé, même dans les plus mauvais jours, le sentiment de ce qui est bon, respectable et vrai. Si on ne lui a pas toujours laissé entendre la voix du devoir, du moins n'a-t-il méconnu jamais ce qui parlait à son bon sens amical, à son instinct d'ordre, à ses affections de famille. Les misérables qui avaient fait le 6 octobre et qui devaient faire le 20 juin ou le 10 août furent l'effroi de Paris, mais ne furent jamais ses enfants. Ces hommes-là ont des complices, non des concitoyens, et les révolutions sont leur unique patrie.

(1) La dernière instruction donnée par Louis XIV au maréchal de Villars, avant la campagne de 1712, fut celle-ci : « Si vous êtes battu, ne l'écrivez qu'à moi. Je monterai à cheval. Je traverserai Paris, seul et votre lettre à la main ; je vous mènerai quatre cent mille hommes, et je m'ensevelirai avec eux sous les débris de la monarchie. »

La famille royale entra le soir aux Tuileries. Les Tuileries, alors, étaient bien loin de ressembler à ce que nous les voyons aujourd'hui. Leurs parterres et leurs fleurs venaient, du côté du jardin, jusqu'aux galeries du château ; mais ces parterres étaient publics et ne laissaient aucune liberté aux princes, à qui le château retombait en partage. Du côté opposé, trois cours séparées par des murs, des bâtiments confus, des maisons particulières, des écuries, s'entassaient au long de ces trois cours et donnaient à cette façade, tournée du côté de la ville, l'apparence d'un château de province étouffé par son village. Il n'y avait donc plus aux Tuileries ni solitude, ni promenades, ni liberté d'aucun genre. Une ère de privation et d'esclavage s'ouvrait pour la famille royale ; là elle put, jour par jour, heure par heure, calculer les progrès de sa ruine, écouter les fureurs calculées qu'on suscitait autour d'elle, passer des incapables conseils de M. Necker aux inutiles intrigues de M. Dumouriez, subir les pédantesques impertinences de M. Pétion et les criminelles tentatives dont madame Roland était le présomptueux instigateur. C'est au milieu de ces angoisses, au bruit de ces fureurs, que Madame Royale passa d'une riante enfance à une adolescence douloureuse Elle était à Varennes au 21 juin 1791 (1), aux Tuileries au 20 juin 1792 (2), dans les tribunes de l'As-

(1) Madame Royale a écrit une relation très-simple et très-naïve de ce voyage.

(2) On peut lire dans une lettre de Madame Élisabeth à madame de

semblée nationale au 10 août, de funeste mémoire. Elle entra au Temple avec son père et sa mère, heureuse encore, si toutefois on a pu prononcer en ce temps-là le mot de bonheur, heureuse encore d'être au milieu des objets de son affection la plus tendre. Quand la porte de l'enclos du Temple s'ouvrit pour donner passage à la famille royale, quand un municipal de service auprès du guichet vint reconnaître les captifs que lui envoyait l'Assemblée, il en compta cinq, cinq dans le montant de la jeunesse ou dans la force de l'âge, cinq à qui toutes les prospérités du monde avaient été, sur leur berceau, promises par avance. A trois années de là, une seule de ces cinq personnes survivait encore et pleurait ceux qui n'étaient plus!

Ce n'est point ici, ce n'est point au nom de celle qui a tant pardonné, qu'il faudrait redire les détails de ces trois années. L'histoire n'a rien de pareil en fait de crimes; la foi royale et chrétienne n'a rien de comparable en fait de clémence. Madame Royale elle-même a écrit en quelques pages les souvenirs de cette captivité, et ces quelques pages égalent tout ce qu'il y a de pieux et de touchant dans les actes de l'Église. Orpheline déjà, déjà peut-être dévouée à la mort, elle ne dit des autres que ce qu'elle ne peut s'empêcher de taire; elle excuse ou néglige tout ce qui se rapporte à elle; et si quelquefois l'indignation de son cœur parle plus haut que sa volonté même,

Raigecourt, en date du 3 juillet, un des meilleurs récits qui aient été faits de la journée du 20 juin.

c'est quand il s'agit des misères de sa mère ou du mortel dépérissement dont son frère fut victime. Cet admirable écrit, nous devons bien le rappeler, elle avait seize ans quand elle le traça d'une main timide, à l'insu de ses geôliers, sans feu, sans lumière, presque sans sommeil. On dirait que les quatre martyrs qui, des murs du Temple, s'étaient élevés aux cieux, avaient emporté vers le Seigneur tout ce qui appartenait à sa justice, afin qu'il ne restât sur la terre que le repentir!

Ces trois mortelles années qui avaient vu tant de forfaits en virent enfin le châtiment; la terreur tomba sous le couteau qu'elle avait aiguisé si longtemps. La peur dégénéra en courage dans quelques âmes; la mort attendait sa proie; on lui jeta les tyrans au lieu de lui jeter les victimes, et la Convention décréta qu'elle avait sauvé la France!

Cependant, et durant la dernière convulsion de son existence, la Convention elle-même avait essayé de renouer quelques relations diplomatiques. Un homme élevé dans la grande école de M. de Choiseul, et non moins estimé pour son habile expérience que respecté pour ses vertus, M. Barthélemy, envoyé de la République en Suisse, y préparait un traité de paix avec l'Espagne. M. d'Yriarte, qui négociait pour la cour de Madrid, jeta en avant quelques paroles relatives à la fille de Louis XVI (1).

(1) Hâtons-nous d'ajouter que, tandis que l'Espagne et l'Autriche mettaient en avant ces idées d'échange, nos villes de France, Orléans à la tête, avaient courageusement élevé la voix pour réclamer la li-

Presque au même moment, M. de Dégelmann, ministre d'Autriche, profitait d'un cartel d'échange pour faire des ouvertures plus positives encore. Le

berté de la jeune princesse. Prononcer son nom, parler de ses malheurs, demander hautement la délivrance d'une telle captive, cela eût été généreux partout et dans tous les temps; mais en 1794, mais en face des hommes perdus dans leurs propres crimes, et qui allaient encore se proscrire les uns les autres; c'était l'acte d'un admirable courage. Voici l'adresse envoyée par la ville d'Orléans à la Convention nationale :

« 28 floréal an III.

« Citoyens représentants,

« Tandis que vous avez rompu les fers de tant de malheureux, vic- « times d'une politique ombrageuse et cruelle, une jeune infortunée, « condamnée aux larmes, privée de toute consolation, de tout appui, « réduite à déplorer ce qu'elle avait de plus cher, la fille de Louis XVI « languit encore, au fond d'une si horrible prison, orpheline si jeune « encore, abreuvée de tant d'amertumes, de tant de deuil. Elle a bien « douloureusement expié le malheur d'une auguste victime, hélas! « Qui ne prendrait pitié de tant d'infortunes, de son innocence, de sa « jeunesse!

« Maintenant que sans craindre le poignard des assassins et la hache « des bourreaux on peut faire entendre la voix de l'humanité, nous « venons solliciter sa mise en liberté et sa translation auprès de ses « parents. Car qui d'entre vous voudrait la condamner à habiter des « lieux encore fumants du sang de sa famille?

« La justice, l'humanité, ne réclament-elles pas sa délivrance, et « que pourrait objecter la défiance la plus inquiète, la plus soupçon- « neuse?

« Venez, entourez tous cette enceinte, formez un cortége pieux, « vous, Français sensibles, et vous tous qui reçûtes des bienfaits de « cette famille infortunée; venez, mêlons nos larmes, élevons nos « mains suppliantes et réclamons la liberté de cette jeune innocente : « nos voix seront entendues.

« Vous allez prononcer, citoyens représentants, l'Europe applaudira « à cette résolution, et ce jour sera pour nous, pour la France en- « tière, un jour d'allégresse et de joie! »

comité de salut public (1) les accueillit, et la Convention, consultée, autorisa par un décret (2) l'échange de la princesse captive. Pichegru en donna, par ordre, avis aux généraux autrichiens; et M. Barthélemy inséra dans le traité de Bâle un article secret portant que, si l'Autriche ne concluait pas d'abord l'échange, la fille de Louis XVI serait rendue à l'Espagne, qui la réclamait avec instance (3). Soit générosité, soit politique, l'Autriche se mit promptement d'accord sur le principe de l'échange; elle s'engagea volontiers à rendre cinq députés, deux ministres, deux ambassadeurs, quatre secrétaires, huit domestiques. Quelle rançon pour la fille de tant de Rois! Six mois pourtant furent nécessaires à la régularisation de cette grande mesure. L'Europe s'en étonna, les souverains s'en émurent; tous les yeux se fixèrent au loin sur cette route qui conduisait de Paris à Bâle, sur cette voiture qui allait amener la captive, sur cette enfant qui allait apparaître portant sur son jeune front la majesté des Rois et la sainteté des martyrs.

Mais déjà la Convention n'était plus : le 29 octobre, elle avait résigné ses pouvoirs. Elle avait promulgué une constitution, créé un Directoire pour gouverner en sa place. On sentait le besoin de l'or-

(1) Il se composait alors, entre autres membres, de Cambacérès, Vernier, Treilhard, Gélut, Marec; du moins ce sont ces cinq membres qui signèrent les dépêches.

(2) Du 12 messidor an III (30 juin 1795).

(3) Lettre de M. Barthélemy au comité de salut public, 20 messidor an III (8 juillet 1795).

dre ; mais l'ordre n'était pour elle qu'une menace ou un abîme; elle eût voulu se perpétuer; elle ne l'osa pas, et disparut au milieu du nuage de sang et de pleurs qui sera dans l'histoire son implacable cortége. A qui fit tant de mal, Dieu ne permet pas toujours d'essayer de bien faire!

Le Directoire nouveau était à peine entré en fonctions, qu'il fit reprendre la négociation commencée. Les conditions une fois consenties, les jours et les lieux convenus, un capitaine de gendarmerie, M. Méchain, reçut mission de recevoir à la barrière de Paris et de conduire à Huningue deux femmes et un homme : l'une de ces femmes devait passer pour sa fille, l'autre pour son épouse ; l'homme pour son serviteur de confiance. Il eut ordre de veiller à ce qu'aucun étranger ne leur parlât en particulier ; il dut surtout s'occuper de la plus jeune des deux femmes qu'on lui désignait sous le nom de Sophie, la traiter avec convenance, satisfaire à ses demandes et veiller sur tout ce qui pouvait intéresser sa santé (1). Sophie, c'était Madame Royale ; sa compagne, c'était madame de Soucy, fille de madame de Mackau, sous-gouvernante de la princesse (2). L'homme de confiance devait être M. Hue, mais il ne rejoignit

(1) Instructions données au citoyen Méchain pour son voyage à Bâle, 27 frimaire an IV (18 décembre 1795).

(2) Madame de Tourzel avait été la personne désignée et demandée par le gouvernement autrichien, pour accompagner Madame Royale. Le Directoire ne voulut point la laisser partir et n'accorda qu'à grand peine madame de Soucy. On trouvera après cette notice un curieux fragment des *Mémoires inédits de madame Tourzel.*

le convoi qu'à Bâle. Le 19 décembre 1795, jour anniversaire de la naissance de Marie-Thérèse, M. Benezech, ministre de l'intérieur, vint à minuit la chercher au Temple; il la conduisit respectueusement à la voiture qui l'attendait. Là, c'était au milieu de la nuit, devant ce grand monument de la porte Saint-Martin élevé à la double gloire de Louis XIV et de la France, à la lueur de quelques torches dont la neige faisait vaciller la flamme, aux regards des serviteurs étonnés et des gendarmes immobiles, M. Benezech s'inclina, fléchit doucement le genou devant la princesse, et lui demandant sa main à baiser : « Allez, madame, lui dit-il, et puissiez-vous bientôt être rendue à la patrie, vous et ceux qui peuvent faire son bonheur! »

Dans la nuit du 24 au 25 décembre, on était aux portes de Bâle; le prince de Gavres, nommé pour recevoir Madame, l'y attendait depuis un mois; les prisonniers, objets de l'échange, y avaient également été conduits. Les récépissés, car ce fut avec cette forme étrange que l'on procéda à la délivrance de la captive (1), les récépissés étaient prêts; dès le lendemain l'échange pouvait être consommé; l'on crut qu'il allait l'être. « Je viens de voir, écrivait le secrétaire d'ambassade chargé de ces détails, je viens de voir la fille du dernier roi des Français; elle ma-

(1) Voici la forme de l'un des récépissés :

« Je soussigné, en vertu des ordres de S. M. l'empereur, déclare avoir reçu de M. Bacher, commissaire français, délégué à cet effet, la princesse Marie-Thérèse, fille de Louis XVI. *Signé*, le prince de Gavres. »

nifeste le plus vif regret de se voir au moment de quitter la France ; les honneurs qui l'attendent à la cour d'Autriche la touchent bien moins que le regret de la patrie (1). La voyageuse, dit-il dans une autre dépêche, a demandé à la citoyenne Soucy quel était le sort qui l'attendait à Vienne. La citoyenne Soucy a répondu qu'elle épouserait peut-être un archiduc. Elle lui répondit avec ingénuité : Vous n'y pensez pas ; ne savez-vous donc pas que nous sommes en guerre? La citoyenne Soucy répondit : Mais vous seriez peut-être un ange de paix? — A cette condition-là, répliqua-t-elle, je ferais ce sacrifice à ma patrie (2). » L'échange n'eut pas lieu ce jour-là. Toutes les formalités déjà remplies, et sur le moment d'être conduite à Bâle, la prisonnière ne put retenir l'expression de ses regrets : « La France ! la France ! disait-elle sans cesse. Mon Dieu ! quitter la France ! ne puis-je donc passer une nuit encore sur la terre française ? » L'échange fut remis au lendemain. Le lendemain (26 décembre), M. de Gavres et M. de Dégelmann vinrent la recevoir. Elle les accueillit avec une grande politesse, remercia, les larmes aux yeux, les officiers qui l'avaient accompagnée, puis sa voiture partit. Elle traversa le long pont de Bâle en regardant derrière elle. Elle n'était plus captive, mais elle se sentait exilée.

Le 9 janvier, Madame était à Vienne, auprès de

(1) M. Bacher au ministre des relations extérieures, 14 nivôse an IV (25 décembre 1795).

(2) Le même au même, 7 nivôse an IV (28 décembre 1795).

l'empereur et de l'impératrice, au milieu de la cour, des courtisans et des hommages. Elle y parut en deuil, et quel deuil pouvait être comparable au sien? Quatre années après, elle était à Mittau, dans l'ancien palais des ducs de Courlande. Ce palais, qu'avait ambitionné Munich, et que Biren avait dédaigné, était devenu l'asile du Roi de France ; mais là, du moins, la noble hospitalité de Paul l'entourait alors, car l'empereur Paul, il faut lui rendre cet hommage, s'il n'eut pas toujours les habiletés que la politique admire, eut souvent, du moins, le sentiment et l'ardeur de ce qui était généreux et grand.

Dans ce palais, une vaste galerie avait été convertie en chapelle : un autel y était dressé, simple d'ornements, et magnifique surtout de ce qui lui manquait. Le Roi Louis XVIII et la Reine étaient agenouillés sur les degrés, et, derrière eux, le chevalier de Cossé, le comte de Saint-Priest, quelques autres amis fidèles. L'abbé Edgeworth y servit la messe, dite par le cardinal de Montmorency, grand aumônier de France. Cette messe était une messe de mariage ; l'époux était un prince, le plus proche héritier, après son père, de la couronne et du royaume, et la mariée était la fille de Louis XVI (1). Dirai-je quel fut le premier présent que le Roi fit à cette nièce bien-aimée, présent saint et douloureux tout ensemble, que deux fois la mort a consacré? Ce furent la montre et l'anneau du Roi martyr. Le 21 janvier 1793, Louis XVI, prêt à marcher à l'échafaud, de-

(1) 10 juin 1799.

manda que l'on remît ces derniers gages de tendresse à la Reine, qui ne les reçut jamais, et, le 19 octobre 1851, Marie-Thérèse, expirante, demanda cette montre et cet anneau, et les baisa pieusement en dernier souvenir de son père.

En même temps, la France, qui change si peu de caractère, changeait une fois encore de gouvernement. Aux grandes guerres d'Italie, aux glorieuses aventures de l'Égypte, avaient succédé les revers au dehors, le désordre et le trouble au dedans. Le Directoire tomba sous le mépris, comme la Convention était tombée sous la haine. Du sein du désordre un pouvoir s'éleva, pouvoir de transition d'abord, et presque aussitôt après gouvernement plein de force, parce qu'il était plein de volonté. Le Consulat rendit à notre pays étonné quelque chose de sa foi, beaucoup de son ardeur, le respect que les autres nations lui doivent et le respect qu'il se doit à lui-même. La paix arriva, ramenée par la victoire : des plaies se fermèrent, des intérêts nouveaux furent créés. La France, plus tranquille, perdit beaucoup de ses souvenirs, *qui ne sont durables que devant le trône de Dieu* (1). De longues années commencèrent où la nation, qui recouvrait des lois, une industrie et des mœurs, n'écouta plus que le bruit des combats et des conquêtes. « Quand j'aurai appris qu'une nation peut vivre sans pain, disait habilement Napoléon, je croirai que la nôtre peut vivre sans gloire (2) ! » Le

(1) *Ecclésiaste*, 50, ch. 18.
(2) O'Meara, t. I.

Consulat fit place à l'Empire. L'Empire grandit dans des fêtes où les rois de l'Europe venaient rendre hommage à la France. La mémoire des jours anciens devint moins reconnaissante ; à peine quelques cœurs plus chauds et quelques affections plus fidèles suivirent-ils au loin, du regard, les princes errants sur la terre étrangère et portant de Mittau à Varsovie, qui se fermèrent pour eux, de Courlande en Angleterre, où ils purent enfin reposer leur tête, leur existence illustrée par le malheur et leur magnanime infortune. Madame la duchesse d'Angoulême avait retrouvé un père dans le Roi, un fidèle et tendre ami dans son époux ; elle passa près d'eux ce long temps d'épreuves, écoutant, avec eux et comme eux, les bruits et les vents qui venaient de la France, demandant aux événements d'incertaines espérances, et, quand la guerre amenait en Angleterre nos prisonniers malheureux, leur envoyant en secret, et sans se nommer, tout ce que son ingénieuse charité pouvait se dérober à elle-même. Douze années se passèrent ainsi.

Il s'était rencontré jadis sur le trône un homme qui avait dit : « J'ai été bien aise que la justice m'ouvrît la porte de la gloire ; mais l'honneur et le bien public doivent seuls nous conduire dans le danger, car nous ne pouvons rechercher la renommée aux dépens du bonheur de nos sujets (1). »

Celui-là s'appelait Louis XIV. Napoléon ne pou-

(1) *Mémoires historiques*, t. II, p. 425 et 426.

vait sans doute agir ni parler de même : aussi, après avoir tant fait pour la guerre et par la guerre, ne put-il s'empêcher de donner à la paix un caractère qui ne convenait qu'aux conquérants et aux conquérants heureux. Il poussa devant lui la fortune, et la fortune fatiguée tomba au milieu de sa course. Avec la fortune s'évanouirent les intérêts d'abord, et bientôt les affections ; l'immense édifice élevé par son épée tressaillit et se sentit disjoindre. *Il s'alluma des trahisons, et les affaires allèrent en décadence*, comme l'écrit le dernier des Pères de l'Église (1) ; mais, c'est encore une parole de Bossuet, *quand Dieu a pitié de son peuple abandonné, il s'en rend lui-même le pasteur, et sa main le soutient* (2). Aux souverains qu'avaient amenés jusque dans Paris les hasards de la guerre, Dieu rappela cette antique race de monarques, ce roi vieilli dans l'adversité, cette princesse qui passait pour le modèle de toutes les vertus comme elle avait été l'exemple de tous les malheurs, ces jeunes princes sur lesquels on pouvait fonder tant de généreux espoirs. Ce n'est pas ici le lieu de raconter quel singulier et pieux appel aux volontés divines décida la volonté du plus puissant de ces souverains. Paris redemandait ses princes, enfants de la plus ancienne de nos familles, ces princes, les premiers Français de la France, et l'on hésitait à les lui rendre. Déjà pourtant l'un était au bord de la Seine, un autre à Bordeaux, un troisième en Nor-

(1) *Discours sur l'Histoire universelle*, p. 293.

mandie. L'enthousiasme des villes fit ce qu'une hésitante politique n'osait ou ne désirait pas faire.

Une immense acclamation alla jusqu'aux rives de la Saône appeler M. le comte d'Artois, jusque dans les campagnes d'Angleterre, dire au Roi que Paris lui tendait les bras. M. le comte d'Artois revint au milieu des transports; et, quelques jours après, le Roi Louis XVIII fit à Paris son entrée solennelle. Marie-Thérèse de France était à ses côtés, belle, souriante, et, pour la première fois, peut-être, confiante à sa destinée. Les souvenirs avaient fui devant elle; tout ce qu'elle avait souffert était oublié, et de même que le jour était serein et plein de lumière, de même les cœurs s'ouvraient à d'indicibles pensées d'avenir et de bonheur! Avec quelle sereine émotion ce jour-là Madame reposait ses yeux sur tout ce qui l'entourait; comme elle était, pour les guerriers et pour les femmes, pour les vieillards qui retrouvaient leur passé, pour les enfants à qui l'on disait ce que c'est que l'espérance, le symbole de la réconciliation, l'ange de cette alliance nouvelle! Que de pleurs coulèrent à sa vue, et comme elle en sentait la douceur! combien son noble visage révélait d'attendrissement et de reconnaissance! On descendit aux Tuileries: la nuit vint, pleine d'agitation et de joie; mais la nuit avait à peine fait place au jour que la fille de Louis XVI, quittant sa couche et poussant précipitamment ses rideaux et ses fenêtres, regardait ce ciel qui était celui de sa patrie, écoutait ces voix qui parlaient français non loin d'elle, respirait cet air, qui était celui de la France. La prospérité renaissante, les grandeurs recouvrées, la restitution du trône, tout cela lui était cher, sans doute; mais ce qui, avant tout et par-dessus tout lui touchait le cœur, c'est qu'elle était en France, c'est qu'elle allait vivre en France!

Hélas! dans cette immuable destinée que les décrets du ciel avaient préparée à Madame Marie-Thérèse, presque aucun bonheur ne se rencontra qui ne fût le présage ou l'avant-coureur d'une peine profonde; on eût dit que le rafraîchissement et le repos ne lui étaient dispensés qu'avec épargne et justement assez pour qu'elle pût fournir une carrière nouvelle. Elle rappelait une fois que sa mère, née le jour du tremblement de terre de Lisbonne, avait toujours été frappée de ce sinistre augure. Peu s'en fallut qu'elle ne s'en préoccupât elle-même, si son inépuisable confiance en Dieu ne l'eût soutenue contre toutes les douleurs et tous les revers; mais les revers lui furent bien insistants et les douleurs bien assidues.

Une année à peine s'était écoulée, cette première année pendant laquelle les peuples accordent ordinairement aux princes nouveaux une obéissance, je dirai presque une foi, dont bientôt après ils leur demandent compte, que déjà la discorde avait reparu. La guerre civile s'allumait. Napoléon, rentré en France, voyait son aigle voler devant lui de clocher en clocher. Cette invasion rapide, audacieuse, avait été préparée sans mystère, et n'en trouva pas moins le gouvernement sans défense.

Partout à la fois se réveillèrent les élans de l'Empire. Grenoble avait ouvert ses portes, Lyon abattait les siennes; Paris était à peine protégé par quelques régiments indécis... La princesse arrivait à Bordeaux alors; elle voulut défendre Bordeaux; elle appela à elle, et les habitants, et les troupes, et la garde nationale; elle les anima par son exemple, elle les contint par son courage. Vainement la peur ou la perfidie l'assaillirent, vainement chercha-t-on à lui inspirer des craintes : elle n'admit pas les craintes, elle refusa de croire aux perfidies; petite-fille de Marie-Thérèse, elle avait un ennemi devant elle, et voulut marcher à l'ennemi. Mais cette royale énergie ne fut pas entendue. Il fallut s'immoler au salut de la ville, s'embarquer à Pauillac, quitter encore une fois la terre natale et les amis qui ne demandaient qu'à mourir sous le drapeau qu'elle leur avait donné. L'histoire et les arts ont consacré cet héroïque souvenir; un éloquent écrivain l'a déjà raconté (1); et pourtant ils n'ont pu tout peindre. L'histoire, qui de sa voix sévère redit les événements exposés aux yeux de tous, ne raconte pas toujours les amertumes qui se cachent dans le secret du cœur. Aux yeux de tous, il y eut là une défaite, un abandon, un départ; pour qui connut Marie-Thérèse de France, il y eut bien plus encore. Madame, en quit-

(1) M. Alfred Nettement.

tant Bordeaux, pouvait aux yeux de tous avoir emporté du moins ses espérances : elle n'avait emporté que ses douleurs ; et quand elle revint après les Cent-Jours, elle ne retrouva plus ni sa confiance ni ses joies.

Il faut jeter un voile sur cette cruelle époque des Cent-Jours : les malheurs en furent grands ; les caractères et les événements y tombèrent dans une confusion égale ; de leur crise datèrent de nouveau la division des partis, les associations plus ou moins secrètes, et tant de conséquences qui ont mis depuis la France au penchant de sa ruine! Mais au milieu de ce trouble quelques nobles exemples du moins consolèrent le cœur. Là, le vieux Roi, sans troupes, sans moyens de résistance, déclarant qu'il se ferait porter sur un pont qu'on voulait faire sauter pour détruire un des mille souvenirs de nos victoires ; là Madame et les Princes abandonnant la plus forte partie des revenus qui leur étaient assignés, parce qu'ils ne voulaient pas être riches quand la France était pauvre ; là le duc de Richelieu, qui s'était dévoué à signer les cruels traités négociés par d'autres, pleurant, quand il les lut à la tribune de la Chambre des pairs, des larmes d'indignation et de douleur. Ceux-là étaient Français du moins, et dignes de l'être, qui portaient si haut le ressentiment des douleurs de la patrie!

Ce que fut alors, et pendant deux règnes, et depuis, l'existence de Madame Marie-Thérèse, on peut le concevoir. La vie des princes a cela de misérable, que, au dehors d'eux, leurs vertus gênent autant que leurs défauts nuisent, qu'on ne leur permet d'exposer aux regards ni le bien ni le mal, et que le respect qu'on leur rend ne semble, le plus souvent, qu'une avance dont on leur demande aussitôt le prix. Marie-Thérèse cacha sa vie et sa charité derrière le trône : elle reprit quelques-unes des ingénieuses institutions de sa mère, elle étudia les souffrances du pauvre afin de lui mieux venir en aide. Son ordre parfait, sa régularité intelligente lui donnèrent le moyen de faire tant de bien et de le si bien faire, qu'aujourd'hui même encore on en retrouve quelquefois la reconnaissance, presque toujours le souvenir. Comme elle ne se mêlait jamais ni de la politique ni des affaires, que sa vie, formée aux habitudes du Temple, en avait conservé la simplicité uniforme, elle avait toujours, pour chaque misère, de l'or à donner ; pour chaque peine, de la charité à répandre. Levée presque avec le jour, elle employait ses premiers moments à prier Celui qui pardonne, et s'occupait ensuite de son plus restreint intérieur, comme si, revenue au temps des épreuves de sa jeunesse, elle eût été de nouveau réduite à se servir elle-même. Puis elle voyait le Roi au déjeuner et dans son cabinet, disposait ensuite de sa matinée pour ses lectures, ses promenades ou ses audiences, retrouvait à dîner la famille royale ; et le soir, après l'ordre, ouvrait, à un petit nombre de personnes, son salon grave et simple où la liberté était entière, où le Roi, les princes et quelques hommes ou femmes de leur intimité, causaient, jouaient et rappelaient souvent encore cet art perdu de la conversation, cette habitude de bon goût, de grâce discrète et de respect de soi-même qui met tout le monde à l'aise en laissant chacun à sa place. Quelques voyages dans les provinces, une saison passée à Vichy presque chaque année, interrompaient seuls la paisible régularité de son existence. Ce n'était pas du bonheur, elle ne le connut guère : c'était l'absence des douleurs ; mais l'absence des douleurs l'étonnait presque elle-même.

Et pourtant, chrétienne toujours soumise, elle n'était ingrate à rien de ce que lui accordait la Providence. Son cœur s'ouvrit facilement aux émotions douces, ses yeux avaient des larmes pour tout ce qui était élevé ou généreux ; jamais elle ne parlait du passé pour s'en plaindre. Sa voix, quelquefois brusque comme celle de Louis XVI, tremblait quand elle nommait son père ou sa mère ; quand elle parlait de son frère mort, elle l'appelait *pauvre petit* avec une inexprimable émotion. Le 21 janvier de chaque année, elle s'enfermait, courbée sous le poids de ses souvenirs, ne voyant personne qu'une ou deux femmes à qui elle avait permis de pleurer avec elle ; mais, ce jour fini, elle ne sortait de sa retraite que plus indulgente et meilleure, et plus disposée à oublier, à consoler ceux qui avaient besoin de consolation ou d'oubli. Quelques éclairs de joie, éclairs rapides, il est vrai, mais brillants d'espérance, traversèrent les années qu'il lui fut donné de passer dans le palais de ses pères. La libération de la France, au traité d'Aix-la-Chapelle; la naissance de la charmante princesse dont Parme s'enorgueillit aujourd'hui ; la naissance de cet autre enfant que la France et l'Europe accueillirent avec un égal transport, et qui s'en est toujours montré si royalement digne; les victoires d'Espagne, dont elle avait doublement le droit de jouir; la conquête d'Alger, enfin, qui assurait notre pavillon et recréait nos colonies, furent pour elles de véritables et profondes joies. Elle voyait son époux couronné d'une sorte d'auréole de gloire, la race de Louis XIV ressuscitant dans un enfant spirituel et beau, la France hautement victorieuse et marchant vers une prospérité sans cesse croissante! Ces jours-là elle put se croire heureuse! Ces jours-là étaient les premiers jours du mois de juillet 1830!

La maison de Bourbon avait autrefois construit dans son Bourbonnais de puissantes forteresses et des châteaux nombreux. Souvigny avait été l'un et l'autre. Ruiné dans les guerres anglaises, reconstruit et ravagé de nouveau, il offrait encore aux regards les débris de ses murs lézardés, quelques arcs de ses portiques, une partie de son donjon et quelques statues de ses princes couchées encore dans une chapelle, objet de la vénération de ces contrées, bénie par les princes de l'Église et vouée aux royales aumônes. Par une des ardentes matinées du mois de juillet, une foule de paysans encombraient cette chapelle; des gardes d'honneur caracolaient aux portes; une escorte nombreuse se tenait sur les routes voisines; le préfet, les maires, l'évêque se pressaient sous les nefs saintes; Madame Marie-Thérèse, la Dauphine, comme on l'appelait alors, agenouillée sur un prie-Dieu, écoutait avec son habituel recueillement les offices que l'on célébrait pour elle. Tout à coup un courrier arrive: il perce la foule, il insiste, il arrive jusqu'à la princesse, qui se lève et prend ses dépêches. La révolution de juillet avait éclaté. Paris, livré aux assaillants, retentissait une fois de plus du cri des révolutions, du fracas de l'artillerie, du tocsin funèbre que faisaient vibrer dans l'air les cloches des églises. Le Roi rappelait sa belle-fille; il la rappelait sans délai. Madame la Dauphine obéit: seulement elle demanda tout bas, à ces vieux guerriers qui avaient été ses ancêtres, s'il ne fallait pas mieux mourir que de se rendre: elle crut entendre leur réponse et vola vers Paris. A Paris, à Saint-Cloud, à Trianon, à Rambouillet même, elle ne trouva que le découragement et le désordre, Comme à Bordeaux, elle voulut combattre: comme à Bordeaux la trahison l'en empêcha. Elle fit parler haut ses remontrances, madame la duchesse de Berry se joignit à elle; ni leur indignation, ni leur courage, ni la sainteté de leur cause ne purent fléchir ce prodigieux abandon (1); et de Rambouillet le cortége funèbre

(1) Le roi Charles X avait l'intention de se défendre d'abord à Rambouillet, et de marcher ensuite sur Paris. Deux hommes qu'il avait comblés de bontés depuis quinze ans, et auxquels, sous la foi du serment et de l'honneur, il demanda s'il avait la possibilité de combattre, lui déclarèrent, sous la foi de l'honneur et du serment, qu'il ne pouvait résister d'aucune manière et n'avait d'autre res-

d'une monarchie vivante prit à pas lents les routes de Cherbourg, de l'Océan et de l'Angleterre.

La plume se lasse involontairement à retracer tant d'infortunes, qui, cependant, ne lassèrent pas le courage de Marie-Thérèse de France. Regardez-la tout au long de cette route poudreuse, que brûle le soleil, que le silence accompagne, qui conduit à l'exil comme elle conduirait à la mort. Elle est silencieuse, mais elle est calme; sa bouche ne profère aucun reproche, et son regard est immobile. M. le duc de Bordeaux, salué roi au moment du péril, semble avoir tout à l'heure partagé sa pensée; car, à l'annonce d'une embuscade et d'une agression nouvelle, on lui a demandé l'ordre, et il n'en a donné qu'un, celui de Charles VIII à Fornoue. Les jours se suivent; Cherbourg paraît enfin, Cherbourg, la ville de prédilection de Louis XVI, le lieu d'où il avait écrit à la Reine : « Ne suis-je donc pas le plus heureux roi du monde? » A Cherbourg, les gardes du corps, fidèles héritiers de ceux du 20 juin et du 6 octobre, doivent enfin abandonner la famille royale. Les voilà rangés pour la dernière fois en bataille, leurs officiers en tête, leurs guidons au vent, tous la tête haute et le front tranquille sous les insultes populaires, comme des hommes qui ont fait leur devoir. Le vieux roi Charles X est debout entre son fils et la petite-fille de Louis XVI. A côté d'eux est cette autre fille des Césars, cette princesse que

source que de quitter la France. Et, en sortant de son cabinet, ils se vantèrent et de leur mensonge et de son résultat.

bénirent longtemps les arts, le commerce et les lettres, et dont le courage étonnera bientôt jusqu'aux soldats; devant eux est M. le duc de Bordeaux, que sa mère et sa tante suivent d'un regard deux fois maternel. Les officiers des gardes s'avancent l'un après l'autre, portant le guidon des compagnies : ils inclinent devant le petit-fils de Louis XIV l'étendard que Louis XIV leur donna sur les murs conquis de Valenciennes. Et l'enfant-roi salue, car le Roi salue toujours l'étendard de la France.

Les étendards se relèvent, les officiers se retirent, les compagnies se séparent. Elles ont usé de leur droit en accompagnant la royauté à ses obsèques prématurées, mais les sabres ont peine à ne pas bruire dans leur fourreau de fer; les vieux soldats pleurent, et ce jour demeurera longtemps dans leur pensée!

Cherbourg quitté, l'on alla redemander un asile à l'Angleterre; on traversa Lullworth, on vint jusqu'à Édimbourg; le château des Stuarts et de leur fille Marie ouvrit à la famille royale ses arcades désertes et ses salles glacées. C'est à Édimbourg que le Roi Charles X avait passé quelques années de son premier exil; mais, en ces mauvais jours même, l'exil empruntait à la jeunesse de consolantes espérances. La jeunesse se sent de la force pour tout, c'est à cause de cela qu'elle regarde l'avenir en face, et qu'elle prend le dessus sur lui. Mais quand les années ont passé escortées de leurs déceptions et fatiguées de leur impuissance, quand les chutes nouvelles ont ravivé les anciennes blessures, quand on a constamment sous les yeux les pierres à demi brisées d'un cimetière (1), et qu'on habite le château fatal des Stuarts, l'exil nouveau devient bien plus amer, la vie se traîne d'un poids inaccoutumé, l'espérance hésite et se tient au loin, comme si elle n'avait plus le droit d'approcher. Holyrood devint promptement pénible à ceux qui l'habitaient; non assurément qu'Édimbourg et Glascow, non que les Hamilton et les Talbot, non que les gentilshommes de la plaine et les montagnards des hautes terres n'entourassent de soins, de respect et d'hommages ces illustres infortunes; mais trop de pénibles souvenirs s'y dressaient à chaque pas, le climat altérait des santés trop chères, et le Roi Charles X se résolut à porter ses pas vers l'Autriche.

Prague et son antique Hradschin étaient mis à sa disposition par l'empereur.

On prépara donc tout pour le départ; on gagna Hambourg, et de Hambourg, en suivant les bords de l'Elbe, on vint en Bohême. Les Princes, le Roi, leur suite, avaient pris ensemble cette même direction. Une seule personne se sépara d'eux, qui entra par la Hollande, remonta les rivages du Rhin jusque vers la Franconie et n'arriva qu'un peu plus tard en Bohême. Vous savez bien d'avance que cette personne était Madame Marie-Thérèse, et d'avance aussi vous imaginez bien qu'elle n'avait remonté le Rhin que

(1) Les appartements des princes, à Holyrood, donnaient presque ous sur le cimetière.

pour passer au long de nos frontières, pour voir encore une fois quelques-unes de nos villes ou quelques-uns de nos hameaux, ou du moins les rivages qui sont déjà la France. Personne n'en put douter ; et elle-même l'avoua un jour avec une sorte d'embarras naïf, mais sincère, comme si elle eût eu quelque chose à cacher, presque comme s'il se fût agi d'une faute.

Prague et Kirchberg, Goritz et Frohsdorf, séjours successifs de la famille royale, virent alors, et la même existence uniforme et simple, et la même régularité d'habitudes, et les mêmes vertus cachées sous un même silence. L'hôtel de Strasoldo qui, à Goritz, avait été choisi pour demeure de la famille royale, était à trois ou quatre cents pas de la plus prochaine église. Tous les matins, à cinq heures et demie, dans les plus froides nuits des plus longs hivers, la Reine Marie-Thérèse en sortait à pied, seule, sans aucun domestique, tenant à la main une petite lanterne pour se diriger à travers la neige, et venait, enveloppée d'un manteau plus que simple, entendre la première messe, celle que l'on dit pour les ouvriers et les hommes de la campagne, écouter quelques demandes et répandre quelques aumônes. On voulut l'engager à se faire suivre par quelqu'un de ses gens : « Non, vraiment, dit-elle, il aurait trop froid. — Mais que ne prenez-vous une des voitures? — Déranger tant de monde pour moi seule ! je ne le voudrais jamais. » Ce fut toute sa réponse. Fille des Rois, elle était sévère et dure pour elle-même; mais elle ne l'a jamais été que pour elle.

Goritz aussi lui fut un séjour de douleur : car elle y avait, dès son arrivée, vu mourir le roi Charles X; elle y vit son époux, frappé presque subitement, disparaître à son tour; et l'étroit caveau, qu'une singulière prédestination avait depuis longtemps orné de fleurs de lis (1), se remplit de ces deux cercueils. Après ces deux morts si chers, sa nièce et son neveu lui restaient; sa nièce si spirituelle, si charmante et d'un si noble cœur; son neveu, dont elle s'était faite la seconde mère, son neveu, sa chère et tendre espérance : elle ne vécut plus qu'en lui, pour lui. Elle l'aimait non-seulement parce qu'il était son neveu, mais parce qu'il était son Roi, parce qu'elle saluait en lui l'avenir et la destinée de sa patrie. Elle était fière de se lever en sa présence, fière des hommages qu'on lui rendait, fière des qualités qu'il développait chaque jour. Mais qu'on nous permette aussi de le dire, M. le comte de Chambord était pour elle le fils le plus attentif et le plus tendre; prévoyant, soigneux, sans cesse occupé de lui plaire, n'ayant de rival dans ses soins de tous les jours que l'aimable et gracieuse épouse que Dieu plaça près de lui, comme pour le récompenser par avance. Rien de ce qu'il faisait pour elle ne lui échappait, rien aussi de ce qui pouvait être utile à son neveu

(1) Le caveau de la chapelle des comtes de Thurn, dans l'église des Franciscains de Goritz.

ne lui semblait difficile. Bonne toujours et bonne à tous les moments, entourée de familles qui lui devaient leur existence, de pauvres qu'elle secourait, simple dans le bien comme elle l'avait été dans la grandeur, l'âge avait perfectionné toutes ses qualités sans en affaiblir aucune. Son instruction était grande (1), et jamais elle ne la laissait paraître ; sa piété, toujours éclairée, toujours tolérante, toujours en dehors de la politique, dont, nous l'avons déjà dit, elle ne s'occupait point. Nulle vertu ne fut plus sincère, nulle indulgence plus constante, nulle inclination plus droite au bien et à l'honneur. « On disait, a-t-elle écrit en parlant de madame Élisabeth, on disait que nous nous ressemblions beaucoup de figure. Je sens que j'ai de son caractère : puissé-je avoir toutes ses vertus et l'aller rejoindre un jour, ainsi que mon père et ma mère, dans le sein de Dieu (2). »

Le vœu touchant et modeste à la fois que l'enfant de seize ans formait au Temple et sous les verrous, ne devait, hélas! être réalisé que dans l'exil et loin du pays qu'elle avait tant aimé. Le 15 octobre de cette année ramenait la fête de sainte Thérèse, et par un funeste rapprochement, l'anniversaire de la mort de la Reine Marie-Antoinette. Marie-Thérèse s'y préparait avec sa dévotion filiale et respectueuse : elle savait que le nonce viendrait offrir à la chapelle de

(1) Elle relut en quatre ans, avec M. le comte de Marnes, la collection entière des auteurs latins, qu'il lui traduisait, et celle des auteurs français.

(2) *Récit des événements arrivés au Temple*, p. 64.

Frohsdorf le saint sacrifice de ce jour : elle en parlait à un homme dont la vie lui a été consacrée tout entière (1) et qui se trouvait près d'elle. Cet homme vit ses traits se décomposer, et le frisson agiter ses membres : un moment après une pâleur mortelle, puis une rougeur inégale, couvrirent son visage. La maladie se déclarait avec violence. Mais la princesse n'avait jamais voulu s'occuper d'elle-même : on eut peine à obtenir qu'elle se mît au lit ; des alternatives de mieux et de mal se succédèrent durant quatre jours. L'auguste malade ne croyait pas encore sa fin prochaine ; mais, comme Madame Élisabeth, elle s'était donnée à Dieu et le remerciait de tout ce qu'il envoyait à son humble servante.

Elle reçut les secours que la religion prépare à ceux qui vont quitter la terre ; et du lit de ses dernières douleurs, elle pria pour ceux qu'elle laissait après elle. Une petite chambre étroite et longue, qui n'avait, pour ornements, que les portraits de *ceux qui ne sont plus ;* un lit plus simple que celui de ses femmes, quelques meubles sans ornement ; et, devant cette chambre, un cabinet plus grand, plus clair, mais aussi modestement meublé, dont quelques tableaux relatifs à la campagne d'Espagne décoraient seuls les murs, formaient à Frohsdorf tout l'appartement qu'elle s'était réservé. Au pied de ce lit, où se livrait ce dernier assaut que l'on appelle l'agonie, dans cette chambre resserrée, en face de

(1) M. le baron Charlet.

ces pieuses et chères images qui avaient été les compagnes de sa vie, M. le comte et madame la comtesse de Chambord étaient agenouillés ; un prêtre, digne d'assister cette sainte, récitait les prières du départ ; des femmes éplorées, des serviteurs au désespoir pleuraient dans le cabinet ; depuis sept heures déjà la vie impuissante s'anéantissait par degrés devant la mort ; un silence d'attente et d'effroi suspendit tout d'un coup les sanglots, les pleurs, les prières même. Le prêtre leva la main vers un crucifix placé au-dessus du lit funèbre, et, le rabaissant aussitôt, il fit le signe de la croix. La fille des Rois, des saints et des martyrs était retournée auprès de Madame Élisabeth, auprès de Marie-Antoinette et de Louis XVI (1).

Elle avait soixante-douze ans : elle avait bien souffert et tout pardonné.

Lorsqu'au mois de janvier 1816, le Roi Louis XVIII ordonna que l'on recherchât dans les préaux incultes qui environnaient alors la basilique de Saint-Denis, les restes profanés des souverains que la Révolution avait arrachés de leur sépulture, des fouilles, dirigées avec un respect consciencieux, conduisirent enfin jusques à la fosse où les Rois avaient été jetés pêle-mêle. Les terres déblayées, on évoqua toutes les dépositions et tous les souvenirs pour reconnaître d'une manière plus précise ces restes, consacrés par

(1) Voyez le récit si touchant et si simple que nous devons à M. de Montbel.

la profanation même. Sur un côté de la fosse, que l'on dégageait avec des précautions extrêmes, seul debout, seul, le bras étendu au-dessus de tous les autres, le grand Louis XIV semblait protéger encore ces races royales couchées à ses pieds dans ce sépulcre sans nom. Saint-Denis se rouvrira peut-être un jour. Marie-Thérèse s'y était montrée presque Reine ; elle y rentrera sainte, et elle y protégera, elle aussi, les Rois et la France.

RELATION

DU

VOYAGE DE VARENNES,

PAR

MARIE-THÉRÈSE-CHARLOTTE DE FRANCE (1).

Pendant toute la journée du 20 juin 1791, mon père et ma mère me parurent très-agités et occupés, sans que j'en susse les raisons. Après le dîner, ils nous renvoyèrent, mon frère et moi, dans une chambre, et s'enfermèrent seuls avec ma tante. J'ai su, depuis, que c'est dans ce moment-là qu'ils informèrent ma tante du projet qu'ils avaient de s'enfuir. A cinq heures, ma mère alla se promener avec mon frère et moi, madame de Maillé, sa dame du palais, et madame de Soucy, sous-gouvernante de mon frère, à Tivoli, chez M. Boutin, au bout de la Chaussée d'Antin.

Dans la promenade, ma mère me prit à part, me

(1) Ce récit a été imprimé pour la première fois dans les Mémoires de Weber, t. II, p. 55, avec la note que nous reproduisons ici : « Ce morceau précieux m'a été confié en 1796, lorsque Madame Royale arriva des prisons du Temple à la cour de Vienne. S. A. R. avait alors dix-sept ans. » W.

dit que je ne devais pas m'inquiéter de tout ce que je verrais, et que nous ne serions jamais séparées longtemps ; que nous nous retrouverions bien vite. Mon esprit était bouché, et je ne compris rien du tout à tout cela : elle m'embrassa, et me dit que si ces dames me demandaient pourquoi j'étais si agitée, je devais dire qu'elle m'avait grondée, et que je m'étais raccommodée avec elle. Nous rentrâmes à sept heures ; je retournai chez moi bien triste, ne comprenant rien du tout à ce que ma mère m'avait dit.

J'étais toute seule ; ma mère avait engagé madame de Mackau d'aller à la Visitation, où elle allait souvent ; et elle avait envoyé à la campagne la jeune personne qui était d'ordinaire avec moi. J'étais à peine couchée, que ma mère vint ; elle m'avait ordonné de renvoyer tous mes gens, et de ne garder qu'une femme près de moi, sous prétexte que j'étais incommodée. Ma mère vint, et nous trouva seules ; elle dit à cette femme et à moi qu'il fallait partir sur-le-champ, et ordonna comment il fallait s'arranger. Elle dit à madame Brunyer, qui était cette femme qui était avec moi, qu'elle désirait qu'elle nous suivît ; mais que cependant, comme elle avait son mari, elle pouvait rester. Cette femme dit tout de suite, sans balancer, que ma mère faisait très-bien de partir ; qu'il y avait trop longtemps qu'elle était malheureuse, et que, pour elle, elle quitterait tout de suite son mari pour la suivre où elle voudrait. Ma mère fut très-touchée de cette marque d'attachement; elle redescendit chez elle, et souhaita le bonsoir à Monsieur et à Madame, qui étaient venus, comme à l'ordinaire, souper avec mon père. Monsieur était instruit du voyage. En rentrant il se coucha, mais se releva sur-le-champ, et partit avec M. d'Avaray, jeune homme qui le fit sortir de tous les périls de sa route, et qui est encore avec lui. Pour Madame, elle ne savait rien du voyage; ce ne fut que quand elle fut couchée qu'une madame Gourbillon, qui était sa lectrice, vint lui dire qu'elle était chargée, de la part de la Reine et de Monsieur, de l'emmener hors de France.

Monsieur et Madame se rencontrèrent à une poste, où ils ne firent pas semblant de se connaître, et arrivèrent heureusement à Bruxelles. Mon frère avait été aussi réveillé par ma mère, et madame de Tourzel le conduisit à l'entresol de ma mère. Je descendis aussi avec lui. Nous trouvâmes là un garde du corps, nommé M. de Maldan, qui devait nous faire partir; ma mère vint plusieurs fois nous voir. On habilla mon frère en petite fille : il était charmant; comme il tombait de sommeil, il ne savait pas ce qui se passait. Je lui demandai ce qu'il croyait qu'on allait faire? Il me dit qu'*il croyait qu'on allait jouer la comédie, parce que nous étions déguisés*. A dix heures et demie, quand nous fûmes tous prêts, ma mère nous conduisit elle-même à la voiture, au milieu de la cour, *ce qui était beaucoup s'exposer*. Nous nous mîmes en voiture, madame de Tourzel, mon frère et moi. M. de Fersen était le cocher. Pour dérouter, on nous fit faire plusieurs tours dans Paris. Enfin nous retournâmes au petit Carrousel, qui est très-près des Tuileries. Mon frère était couché dans le fond de la voiture, sous les robes de madame de Tourzel. Nous vîmes passer M. de la Fayette, qui était au coucher de mon père; et nous restâmes là à attendre au moins une grande heure, sans savoir ce qui se passait. Jamais le temps ne m'a paru plus long.

Madame de Tourzel voyageait sous le nom de madame la baronne de Korff; ma mère était la gouvernante de ses enfants, et s'appelait madame Rochet; mon père, le valet de chambre Durand; ma tante, une demoiselle de compagnie, Rosalie; mon frère et moi, les deux filles de madame de Korff, sous les noms d'Amélie et d'Aglaé. Enfin, au bout d'une heure, je vis une femme qui tournait autour de la voiture. J'eus peur qu'on ne nous découvrît; mais je fus rassurée en voyant que le cocher ouvrait la portière, et que c'était ma tante. Elle s'était enfuie seule avec un de ses gens. En entrant dans la voiture, elle marcha sur mon frère, qui était dans le fond, et il eut le courage de ne pas se plaindre. Elle nous assura que tout était tranquille, et que mon père et ma mère viendraient bientôt. En effet, mon père arriva peu après, et puis ma mère, avec le garde du corps qui devait nous suivre. Nous nous mîmes en chemin, et il ne nous arriva rien jusqu'à la barrière. Là, il y avait une voiture de poste qui devait nous conduire : M. de Fersen ne savait pas où elle était. Il fallut attendre longtemps là, et mon père même descendit, ce qui nous donna beaucoup d'inquiétude; enfin, M. de Fersen revint après avoir trouvé l'autre carrosse. Nous changeâmes de voiture; M. de Fersen souhaita le bonsoir à mon père, et s'enfuit (1). Les trois gardes du corps étaient MM. de Maldan, Dumoutier et Valory. Ce dernier faisait le courrier; les autres, les domestiques : l'un à cheval, l'autre assis sur la voiture. On avait changé leurs noms: le premier s'appelait Saint-Jean; le second, Melchior; l'autre, François. Les deux femmes de chambre qui étaient parties avant nous, nous retrouvèrent à Bondy; elles étaient dans une petite voiture. Nous nous mîmes en marche. Le jour commençait à venir. Dans la matinée, il ne se passa rien de remarquable; cependant, à dix lieues de Paris, on rencontra un homme à cheval qui suivait toujours la voiture. A Étoges, on crut être reconnu. A quatre heures, on passa la grande ville de Châlons-sur-Marne. Là, on fut reconnu tout à fait; beaucoup de monde louait Dieu de voir le roi, et faisait des vœux pour sa fuite. La poste après Châlons, on devait trouver des troupes à cheval pour entourer la voiture jusqu'à Montmédy; arrivé là, personne ne s'y trouva. Nous restâmes dans l'attente d'en trouver jusqu'à huit heures. Nous passâmes à la fin du jour à Clermont. Là, on vit des troupes; mais tout le vil-

(1) Il alla jusqu'à Bondy, où l'attendait une voiture de retour. Il partit dans la journée pour retourner en Suède. W.

lage était ameuté, et ne voulait pas les laisser monter à cheval. Un officier reconnut mon père, s'approcha de lui, et lui dit tout bas qu'*il était trahi*. Nous vîmes là aussi M. Charles de Damas, mais il n'y pouvait rien. Nous continuâmes notre route ; la nuit était tout à fait venue, et, malgré l'agitation et l'inquiétude où l'on était, tout le monde s'endormit dans la voiture. Nous fûmes réveillés par un cahot affreux, et en même temps on vint nous dire qu'on ne savait pas ce qu'était devenu le courrier qui allait devant la voiture. On peut juger de la peur qu'on eut ; on crut qu'il avait été reconnu et pris. Enfin, nous étions au commencement du village de Varennes. Il y a à peine une centaine de maisons. Dans ce lieu, point de poste ; et, d'ordinaire, les personnes qui voyagent font venir des chevaux. Nous en avions, mais ils étaient au château, de l'autre côté de la rivière, et personne ne savait où les trouver. Enfin, le courrier revint ; il amena avec lui un homme qu'il croyait qui était dans le secret ; cet homme, je crois, était un espion de la Fayette. Il vint à la voiture en bonnet de nuit et en robe de chambre ; il se jeta presque tout entier dedans ; il disait qu'il avait un secret, mais qu'il ne voulait pas le dire. Madame de Tourzel lui demanda s'il connaissait madame de Korff : il dit que non ; depuis, je n'ai plus revu cet homme. On vint à bout de persuader aux postillons que les chevaux étaient au château ; ils se mirent à marcher, mais bien doucement. Arrivés au village, nous entendîmes des cris affreux autour de la voiture : « Arrête ! arrête ! » On s'empara des postillons, et, en un moment, la voiture fut environnée de tout plein de monde armé et de flambeaux. Ils nous demandèrent qui nous étions? On leur répondit : *Madame de Korff et sa famille!* Ils prirent des lumières, les mirent justement devant mon père, et nous signifièrent qu'il fallait descendre. On leur dit que non, que nous étions de simples voyageurs, et que nous devions *passer*. Ils nous sommèrent de descendre, ou qu'ils nous tueraient tous ; au même instant, tous les fusils se tournèrent contre la voiture. Nous descendîmes, et, en traversant la rue, nous vîmes passer six dragons à cheval. Il n'y avait malheureusement pas d'officiers ; car, sans cela, six hommes bien déterminés auraient pu faire peur à tous ces gens et sauver le roi.

RÉCIT

DE LA

CAPTIVITÉ DE LA FAMILLE ROYALE AU TEMPLE,

PAR MARIE-THÉRÈSE-CHARLOTTE DE FRANCE.

Le Roi arriva au Temple le 13 août 1792, à sept heures du soir, avec sa famille; les canonniers voulurent le conduire seul à la tour, et laisser les autres prisonniers au château; mais Manuel avait reçu en chemin l'ordre de conduire toute la famille à la tour: Pétion calma la rage des canonniers, et l'ordre fut exécuté. Pétion s'en alla; Manuel était resté, et les municipaux gardaient le Roi à vue. Il soupa avec sa famille. Le Dauphin se mourait d'envie de dormir; madame de Tourzel le conduisit à onze heures à la tour, qui devait décidément être la demeure commune. Le Roi y fut conduit avec le reste de sa famille, à une heure du matin; il n'y avait rien de préparé. Madame Élisabeth coucha à la cuisine, et on prétend que Manuel parut honteux en l'y conduisant.

Voici les noms des personnes qui furent enfermées avec la famille royale dans ce triste séjour: madame la princesse de Lamballe, madame de Tourzel et Pauline, sa fille; MM. Hue et Chamilly, qui couchaient tous deux dans une chambre en haut; ils appartenaient au Roi; madame de Navarre, femme de chambre de Madame Élisabeth, et qui couchait à la cuisine avec elle, ainsi que Pauline; madame Saint-Brice, femme de chambre chez le Dauphin; elle couchait dans la salle de billard avec lui et avec madame de Tourzel : madame Thibaut, qui appartenait à la Reine, et madame Bazire à Madame Royale, couchaient toutes deux en bas. Le Roi avait trois hommes à lui : Turgis, Chrétien et Marchand.

Le lendemain 14, le Dauphin vint déjeuner avec sa mère, et toute la famille alla ensuite voir les grandes salles de la tour, où elle apprit qu'on devait lui faire des logements, parce que la tourelle était trop petite pour tant de monde. Le lendemain, Manuel et Santerre étant venus, les prisonniers allèrent se promener dans le jardin. On murmurait beaucoup contre les femmes qui les avaient suivis. En arrivant, ils en avaient trouvé d'autres nommées par Pétion pour les servir; et, quoiqu'ils n'en voulussent pas, le surlendemain on apporta un arrêté de la Commune qui ordonnait le départ des personnes qui étaient venues avec eux; mais le Roi et la Reine s'y étant opposés formellement, ainsi que les municipaux qui étaient de garde au Temple, l'ordre fut révoqué pour le moment.

Toutes les personnes de la famille royale passaient la journée ensemble. Le Roi montrait la géographie à son fils ; la Reine lui enseignait l'histoire, et lui faisait apprendre des vers ; et madame Élisabeth lui donnait des leçons de calcul. Le Roi avait heureusement trouvé une bibliothèque qui l'occupait, et la Reine faisait de la tapisserie. Les municipaux étaient très-familiers, et avaient même peu de respect pour le Roi ; il en restait toujours un qui le gardait à vue. Sa Majesté fit demander un homme et une femme pour faire le gros ouvrage.

La nuit du 19 au 20 août, on apporta un nouvel arrêté de la Commune qui ordonnait d'emmener du Temple toutes les personnes qui n'étaient point de la famille royale. On enleva MM. Hue et Chamilly de chez le Roi, qui resta seul avec un municipal. On descendit pour enlever madame la princesse de Lamballe. La Reine s'y opposa fortement, en disant (ce qui était vrai) que cette princesse était de la famille royale : cependant on l'emmena. Madame Élisabeth descendit avec madame de Navarre et Pauline de Tourzel ; les municipaux assuraient que ces dames reviendraient après avoir été interrogées. On conduisit le Dauphin dans la chambre de sa mère, pour ne pas le laisser seul. La Reine ne pouvait pas s'arracher des bras de madame la princesse de Lamballe. Les princesses embrassèrent ces dames, espérant cependant encore les revoir le lendemain, et passèrent la nuit sans dormir. Le Roi, quoique éveillé, resta chez lui, et les municipaux ne le quittèrent pas. Le lendemain, à sept heures, Leurs Majestés apprirent que ces dames ne reviendraient pas au Temple, et qu'on les avait conduites à la Force. On fut bien étonné, à neuf heures, en voyant entrer M. Hue, qui dit que le conseil général, l'ayant trouvé innocent, le renvoyait au Temple.

L'après-dînée, Pétion envoya un homme et une femme, nommés Tison, pour faire le gros ouvrage. La Reine prit son fils dans sa chambre, et envoya sa fille avec Madame Élisabeth. Elle n'était séparée de ses enfants que par une petite chambre où se tenaient un municipal et une sentinelle : le Roi resta en haut ; mais ayant appris qu'on lui préparait un appartement, comme il ne s'en souciait point, parce qu'il aurait été plus éloigné de sa famille, il fit venir Palloi, le maître des ouvriers, afin d'empêcher que le logement fût achevé ; mais Palloi répondit insolemment qu'il ne prenait d'ordre que de la Commune. Les princesses et le Dauphin montaient tous les jours chez Sa Majesté pour déjeuner, et ensuite tout le monde redescendait chez la Reine, où le Roi passait la journée. La famille allait tous les jours se promener dans le jardin pour la santé du jeune prince, et le Roi était toujours insulté par la garde. Le jour de la Saint-Louis, à sept heures du matin, on chanta *Ça ira !* auprès du Temple.

On apprit le matin, par un municipal, que M. de la Fayette avait passé hors de France ; Manuel confirma le soir cette nouvelle au Roi ; il apporta à Madame Élisabeth une lettre de ses tantes de Rome. C'est la dernière que la famille ait reçue de dehors. Louis XVI n'était plus appelé Roi : on n'avait aucun respect pour lui : on ne lui disait plus Sire, ni Votre Majesté, mais *Monsieur* ou *Louis ;* les municipaux étaient toujours assis dans sa chambre, et ils avaient leurs chapeaux sur la tête. Ils lui ôtèrent son épée, et fouillèrent ses poches. Pétion envoya, pour servir le Roi, Cléry, qui lui appartenait déjà; mais en même temps il envoya pour porte-clefs et guichetier l'homme horrible qui avait forcé sa porte le 20 juin 1792, et qui pensa l'assassiner. Cet homme fut toujours à la tour, et essaya toutes les manières de le tourmenter : tantôt il chantait devant la famille royale la *Carmagnole* et mille autres horreurs; tantôt, sachant que la Reine n'aimait pas l'odeur de la pipe, il lui en soufflait, ainsi qu'au Roi, une bouffée, lorsqu'ils passaient. Il était toujours au lit quand la famille allait coucher, parce qu'il fallait passer par sa chambre ; quelquefois même il était dans son lit quand elle allait dîner ; enfin, il n'y eut sorte de tourments et d'injures qu'il n'inventât. Le Roi souffrait tout avec douceur, pardonnant de tout son cœur à ces horreurs ; quant à la Reine, elle supportait tout cela avec une dignité qui souvent leur imposait. Le jardin était plein d'ouvriers qui injuriaient souvent le Roi : il y en eut un qui, devant lui, se vantait de vouloir abattre la tête de la Reine avec son outil. Pétion cependant le fit arrêter. Les injures redoublèrent le 2 septembre; on jeta même au Roi, par les fenêtres, des pierres qui heureusement ne tombèrent pas sur lui ; mais en même temps une femme, dans de bonnes intentions, écrivit sur un grand carton : *Verdun est pris !* Elle mit le carton à la fenêtre, et Madame Élisabeth eut le temps de le lire, sans que les municipaux l'eussent vu. A peine le Roi venait-il d'apprendre cette nouvelle, qu'il arriva un nouveau municipal nommé Mathieu : il était enflammé de colère, et lui dit de rentrer chez lui; les personnes de la famille royale le suivirent, craignant qu'on ne voulût les en séparer. En arrivant en haut, Mathieu trouva M. Hue, qu'il prit au collet, en disant qu'il l'arrêtait ; M. Hue, pour gagner le temps de prendre les ordres de Leurs Majestés, demanda à faire un paquet de ses effets : Mathieu le refusa ; mais un autre municipal, plus humain, y consentit. Mathieu se tourna alors vers le Roi, et lui adressa tout ce que la plus indigne rage peut suggérer, entre autres choses : « *La générale a battu, le tocsin a sonné, le canon d'alarme a tiré, les émigrés sont à Verdun ; s'ils viennent, nous périrons tous, mais vous périrez le premier.* » Le Roi écoutait ces injures et mille autres pareilles avec le calme que donne l'espérance. Le Dauphin fondit en larmes, et s'enfuit dans l'autre chambre ; Madame Royale courut à lui, et eut toutes les peines du monde à le calmer et à le consoler; il croyait déjà voir son père mort. M. Hue revint, et après que Mathieu eut encore recommencé ses injures, il sortit avec lui. Heureusement que M. Hue fut conduit à la mairie, car le massacre était déjà commencé à l'Abbaye ; il ne resta qu'un mois en prison ; et lorsqu'il sortit, il ne revint plus au

Temple. Les municipaux condamnaient tous la conduite violente de Mathieu, mais ils ne pouvaient faire autre chose que de le blâmer. Ils disaient à Louis XVI qu'on était sûr, dans le public, que le roi de Prusse marchait et tuait tous les Français par un ordre signé *Louis*. Il n'y avait pas de calomnie qu'ils n'inventassent, même les plus ridicules et les plus impossibles. La Reine, qui ne put dormir, entendit battre la générale toute la nuit : dans la tour on ignorait pourquoi.

Le 3 septembre, à huit heures du matin, Manuel vint trouver le Roi, et lui assura que madame de Lamballe et toutes les personnes qu'on avait enlevées du Temple se portaient bien, et qu'elles étaient toutes ensemble tranquilles à la Force. A trois heures on entendit des cris affreux, comme le Roi sortait de table et jouait au trictrac avec la Reine, pour avoir une contenance, et pouvoir se dire quelques mots sans être entendus. Le municipal qui était de garde dans la chambre se conduisit bien; il ferma la porte et la fenêtre, ainsi que les rideaux, pour qu'on ne vît rien ; mais, au dehors, les ouvriers du Temple et le guichetier *Rocher* se joignirent aux assassins, ce qui augmenta le bruit. Plusieurs officiers de garde et des municipaux arrivèrent; les premiers voulaient que le Roi se montrât aux fenêtres ; les municipaux heureusement s'y opposèrent ; et Sa Majesté ayant demandé ce qui se passait, un jeune officier lui dit : « Hé bien ! puisque vous voulez le savoir, c'est la tête de madame de Lamballe qu'on veut vous montrer ! » A cette nouvelle, la Reine fut saisie d'horreur; c'est là le seul moment où sa fermeté l'ait abandonnée. Les municipaux grondèrent l'officier ; mais Louis XVI, avec sa bonté ordinaire, l'excusa, en disant que ce n'était point la faute de cet officier, mais la sienne, puisqu'il l'avait interrogé. Le bruit dura jusqu'à cinq heures. Les prisonniers surent que le peuple avait voulu forcer la porte; et les municipaux ne l'empêchèrent qu'en mettant en travers une écharpe tricolore, et en permettant que six des séditieux fissent le tour de la tour avec la tête de madame la princesse de Lamballe, mais à condition qu'on laisserait à la porte le corps que l'on voulait traîner. Quand cette députation entra, Rocher poussa mille cris de joie en voyant la tête de madame la princesse de Lamballe, et gronda un jeune homme qui, de saisissement et d'horreur, se trouva mal à ce spectacle.

A peine était-il fini, que Pétion, au lieu de s'occuper d'arrêter le massacre, envoya froidement son secrétaire au Roi pour compter de l'argent. Cet homme était très-ridicule, et dit mille choses qui auraient fait rire dans un autre moment. Il croyait que la Reine se tenait debout pour lui, parce que, depuis cette affreuse scène, elle était restée debout, immobile, ne voyant rien de ce qui se passait dans la chambre. Le municipal, qui avait sacrifié son écharpe pour la mettre à la porte, se la fit payer par Cléry. On battit la générale toute la nuit; et les deux princesses, qui ne purent dormir, ne cessèrent d'entendre les sanglots de la Reine. On croyait dans la tour que le massacre avait cessé ce jour-là, et ce ne fut que quelque temps après qu'on apprit qu'il avait duré trois jours.

On ne peut rendre toutes les scènes qui eurent lieu, tant de la part des municipaux que de la garde; tout leur faisait peur, tant ils se sentaient coupables. Un jour, un homme ayant tiré dans l'intérieur du Temple un coup de fusil pour l'essayer, ils en dressèrent un procès-verbal, après avoir soigneusement interrogé l'homme. Une autre fois, pendant le souper, on cria : Aux armes! ils crurent que c'étaient les étrangers qui arrivaient. L'horrible Rocher prit son grand sabre, et dit au Roi : « *S'ils arrivent, je te tue!* » Ce n'était pourtant qu'un embarras de patrouilles. Il arriva aussi qu'une centaine d'ouvriers, conduits par quelqu'un de dévoué à la famille royale, entreprirent de forcer la grille du côté de la rotonde; les municipaux et la garde accoururent; ces ouvriers furent dispersés, et peut-être, hélas! y eut-il des victimes! La sévérité des municipaux augmentait tous les jours. Cependant il y en eut deux qui adoucirent les tourments des augustes prisonniers en leur montrant de la sensibilité, et en leur donnant de l'espérance. Il y eut aussi une sentinelle qui, par le trou de la serrure, eut une conversation avec Madame Élisabeth : ce malheureux ne fit que pleurer tout le temps qu'il fut au Temple. Puisse le ciel l'avoir récompensé de son attachement pour le Roi!

Madame Première faisait des règles de chiffres, et

la Reine lui préparait des extraits; mais il y avait toujours un municipal qui regardait par-dessus leurs épaules, tant la crainte des conspirations était grande. On ôta les journaux aux prisonniers, parce qu'on ne voulait pas qu'ils sussent les nouvelles étrangères. Cependant un jour on en apporta un au Roi, en lui disant qu'il contenait quelque chose d'intéressant : l'horreur! on y lisait qu'un canonnier demandait la tête du tyran Louis XVI, pour en charger sa pièce et l'envoyer à l'ennemi. Le silence calme et méprisant du Roi trompa la joie qu'on avait en apportant cet infernal écrit. Il y eut aussi un municipal qui, en arrivant un soir, prononça mille injures, et répéta ce qui avait déjà été dit : que toute la famille royale périrait, si les ennemis approchaient; il ajouta que l'enfant seul lui faisait pitié, mais qu'étant fils d'un tyran, il devait mourir comme les autres! C'étaient les scènes de tous les jours.

La République fut établie le 22 septembre; on l'apprit avec joie aux prisonniers. On leur annonça aussi le départ des étrangers.

Au commencement d'octobre, on leur ôta plumes, papier, encre et crayons; on chercha partout, même avec dureté : cela n'empêcha pas que la Reine et Madame ne cachassent des crayons qu'elles gardèrent. Le soir du même jour, comme le Roi venait de souper, on lui dit d'attendre, qu'il irait dans l'autre logement, et qu'il serait séparé de sa famille. A cette affreuse nouvelle, la Reine perdit son courage et sa fermeté ordinaires. Les princesses le quittèrent avec bien des larmes, quoique espérant cependant le revoir. Le lendemain, on leur apporta à déjeuner séparément ; la Reine ne voulut rien prendre. Les municipaux, effrayés et troublés de sa morne douleur, permirent aux princesses de voir le Roi, mais aux heures de repas seulement, leur défendant de parler bas ou en langues étrangères, mais haut *et en bon français*. Elles descendirent pour dîner chez le Roi, avec bien de la joie de le revoir. Il y eut un municipal qui s'aperçut que Madame Élisabeth avait parlé bas au Roi ; il lui fit une scène. Le soir, à souper, lorsque le Dauphin était couché, la Reine ou sa sœur allait avec lui, et l'autre venait souper avec Madame Royale chez le Roi. Le matin, après déjeuner, les princesses y restaient le temps que Cléry pût les peigner, parce qu'il ne pouvait plus venir chez la Reine, et que c'était gagner quelques moments pour rester plus longtemps avec le Roi. Ils allaient promener ensemble tous les jours à midi. Un jour, Manuel vint chez Sa Majesté, et lui ôta avec dureté son cordon rouge ; il l'assura qu'il n'y avait que madame de Lamballe qui eût péri, de toutes les personnes qui avaient été au Temple. On fit prêter serment à Cléry, à Tison et à sa femme d'être fidèles à la nation. Un municipal un soir, en arrivant, éveilla brusquement le Dauphin pour voir s'il y était. A cette occasion, la Reine montra le seul mouvement d'impatience qu'on lui ait vu témoigner aux municipaux. Il y en eut un autre qui lui dit que le projet de Pétion était de ne pas faire mourir Louis XVI, mais de l'enfermer pour sa vie au château de Chambord avec son fils. J'ignore quel était le dessein de cet homme en annonçant ce projet, car il ne revint point. On fit loger le Roi dans un appartement au-dessous de celui de Marie-Antoinette; leur fils coucha dans le dernier; Cléry couchait aussi dans l'appartement avec un municipal. Les fenêtres étaient bouchées avec des barreaux de fer et des abat-jour; les cheminées étaient en tuyaux de poêle, et fumaient beaucoup. Voici comment se passaient alors les journées des prisonniers : le Roi se levait à sept heures et priait jusqu'à huit; ensuite il s'habillait, ainsi que son fils, jusqu'à neuf, qu'il venait déjeuner avec la Reine. Après le déjeuner, le Roi donnait au Dauphin quelques leçons jusqu'à onze heures; ensuite l'enfant jouait jusqu'à midi, heure à laquelle toute la famille allait promener, quelque temps qu'il fît, parce que la garde qui relevait à cette heure-là voulait voir et s'assurer de la présence de tous les prisonniers. La promenade durait jusqu'à deux heures, que l'on dînait. Après dîner, Leurs Majestés jouaient au trictrac ou au piquet, afin de pouvoir se dire quelques mots. A quatre heures, la Reine remontait avec sa sœur et ses enfants, parce qu'alors le Roi dormait ordinairement. A six heures, le Dauphin descendait pour recevoir des leçons de son père et jouer jusqu'à l'heure du souper. A neuf heures, après souper, la Reine le déshabillait promptement et le mettait au lit. Les princesses remontaient ensuite, et le Roi ne se couchait qu'à onze heures. La Reine travaillait beaucoup à la tapisserie; elle faisait étudier Madame Royale, et souvent la faisait lire haut. Madame Élisabeth priait Dieu souvent, et disait chaque jour l'office; elle lisait beaucoup de livres de piété; fréquemment aussi la Reine la priait de les lire haut.

On rendit les journaux à la famille royale, afin qu'elle vît le départ des étrangers et les horreurs contre le Roi, dont ils étaient pleins. On dit un jour aux princesses: « Mesdames, je vous annonce une bonne nouvelle: beaucoup de traîtres émigrés ont été pris. Si vous êtes patriotes, vous devez vous en réjouir! » La Reine, comme à l'ordinaire, ne dit mot, et n'eut pas même l'air de les entendre. Plusieurs fois son calme si méprisant et son air si digne leur imposaient; c'était rarement à elle qu'ils osaient adresser la parole. Une députation de la Convention vint, pour la première fois, voir le Roi au Temple. Les membres envoyés lui demandèrent s'il n'avait pas quelques plaintes à former: il dit que non; qu'il était content lorsqu'il était avec sa famille. Cléry se plaignit de ce qu'on ne payait pas les marchands qui fournissaient au Temple. Chabot répondit: « La nation n'est pas à un écu près! » Les députés qui vinrent furent Chabot, Dupont, Drouet et Lecointre-Puyravaux; ils vinrent encore l'après-dînée faire les mêmes questions. Un jour après, Drouet revint tout seul, et demanda à la Reine si elle n'avait pas de plaintes à former. Cette princesse ne lui répondit pas.

Quelque temps après, comme on était à dîner, il arriva des gendarmes qui se jetèrent brusquement sur Cléry, et lui ordonnèrent de venir au tribunal. Quelques jours avant, Cléry, descendant l'escalier avec un municipal, avait rencontré un jeune homme de sa connaissance qui était de garde; ils se dirent bonjour et se serrèrent la main : le municipal le trouva mauvais, et fit arrêter le jeune homme. C'était pour comparaître avec lui au tribunal qu'on venait chercher Cléry. Le Roi demanda qu'il revînt; les municipaux l'assurèrent qu'il ne reviendrait pas : cependant il revint à minuit.

Un jour, on entendit dans le Temple un grand bruit de gens qui demandaient la tête de Louis et de Marie-Antoinette; ils avaient la cruauté de faire entendre leurs cris jusque sous les fenêtres des prisonniers.

Le Roi tomba malade d'un gros rhume : on lui accorda un médecin et son apothicaire, Lemonnier et Robert. La Commune fut inquiète; il y eut toujours un bulletin de sa santé; il se rétablit. Toute la famille fut aussi enrhumée, mais le Roi fut le plus malade.

La Commune changea le 2 décembre; les nouveaux municipaux vinrent à dix heures du soir reconnaître la famille royale. Quelques jours après, il y eut un arrêté de cette nouvelle Commune, qui ordonnait de faire sortir des appartements Tison et Cléry; d'ôter aux prisonniers couteaux, ciseaux, et tous les autres instruments tranchants; et enfin de goûter avec soin tous les aliments qu'on leur servait. La visite fut faite pour les instruments tranchants; les princesses donnèrent leurs ciseaux.

Le 11 décembre, le bruit du tambour qui battait, et la garde qui arrivait au Temple, donnèrent beaucoup d'inquiétude aux prisonniers. Le Roi descendit avec le jeune prince, après le déjeuner; à onze heures arrivèrent Chambon et Chaumette, l'un maire, et l'autre procureur général de la Commune, et Colombeau, secrétaire-greffier. Ils signifièrent à Sa Majesté le décret de la Convention qui ordonnait qu'elle serait amenée à la barre pour être interrogée. Ils l'engagèrent à envoyer le Dauphin chez la Reine : mais, n'ayant pas dans leurs mains le décret de la Convention, ils le firent attendre pendant deux heures; il ne partit qu'à une heure, et monta dans la voiture du maire, avec Chaumette et Colombeau; la voiture était escortée par des municipaux à pied. Le Roi, ayant observé que Colombeau saluait beaucoup de monde, lui demanda si c'étaient tous ses amis. Colombeau dit : « Ce sont des braves citoyens du 10 août, que je ne vois jamais sans beaucoup de joie. »

Je ne parle pas de la conduite de Louis XVI à la Convention; tout le monde la connaît : sa fermeté, sa douceur, sa bonté, son courage au milieu des assassins altérés de son sang, sont des traits qui ne s'oublieront jamais, et que la postérité la plus reculée admirera.

Le Roi revint à six heures à la tour du Temple avec le même cortége. Sa famille avait été dans une inquiétude impossible à exprimer. La Reine avait fait tous ses efforts, auprès des municipaux qui la gardaient, pour apprendre ce qui se passait : c'était la première fois qu'elle daignait les questionner. Ces hommes ne voulurent rien lui dire; ce ne fut qu'à l'arrivée du Roi qu'elle le sut. Quand il fut rentré, elle demanda instamment à le voir; elle le fit demander même à Chambon, et n'en reçut aucune réponse. Le Dauphin passa la nuit chez elle; et comme il n'avait pas de lit, elle lui donna le sien, et resta toute la nuit debout, abîmée dans une douleur si morne, que les autres princesses ne voulaient pas la quitter; mais elle les força à se coucher. Le lendemain, elle redemanda à voir le Roi, et à lire les journaux pour connaître son procès; elle demanda au moins que, si elle ne pouvait pas le voir, cette permission fût accordée à son fils et à sa fille. On porta cette demande au conseil général : les journaux furent refusés; on permit aux enfants de voir leur père, mais à condition qu'ils seraient absolument séparés de leur mère. On en fit part au Roi, qui dit que, quelque plaisir qu'il eût à voir ses enfants, la grande affaire qu'il avait ne lui permettait pas de s'occuper de son fils, et que sa fille ne pouvait pas quitter sa mère. On fit monter le lit du Dauphin dans la chambre de la Reine.

La Convention vint voir Louis XVI; il demanda des conseils, de l'encre, du papier, et des rasoirs pour se faire la barbe : toutes ces demandes lui furent accordées. MM. de Malesherbes, Tronchet et

Desèze, qui lui furent donnés pour ses conseils, vinrent le voir. Il était souvent obligé, pour leur parler, d'aller dans la tourelle, afin de n'être point entendu. Il ne descendit plus au jardin, ni les princesses non plus. Il ne savait plus de leurs nouvelles, comme elles ne savaient rien de lui que par les municipaux. La jeune princesse eut mal au pied; et son père, l'ayant su, s'en affligea avec sa bonté ordinaire, et s'informa d'elle avec soin. La famille trouva dans la Commune quelques hommes qui, par leur sensibilité, adoucirent ses tourments. Ils assuraient la Reine que Louis XVI ne périrait pas, et que son affaire serait renvoyée aux assemblées primaires, qui le sauveraient certainement.

Hélas! ils se trompaient eux-mêmes, ou, par pitié, ils cherchaient à la tromper. Le 26 décembre, le jour de Saint-Étienne, le Roi fit son testament, parce qu'il croyait être assassiné ce jour-là, en allant à la barre de la Convention. Il y alla cependant avec son calme ordinaire, et laissa à M. Desèze le soin de sa défense. Il partit à onze heures, et revint à trois. Depuis lors il vit tous les jours ses conseils. Enfin, le 18 janvier, jour auquel le jugement fut porté, les municipaux entrèrent à onze heures chez le Roi, en disant qu'ils avaient ordre de le garder à vue : il demanda si son sort était décidé; ils dirent que non. Le lendemain matin, M. de Malesherbes vint lui apprendre que sa sentence était prononcée : « Mais, Sire, ajouta-t-il, les scélérats ne sont pas encore les maîtres, et tout ce qu'il y a d'honnêtes gens viendront sauver Votre Majesté, ou périr à ses pieds. » — « *M. de Malesherbes,* dit le Roi, *cela compromettrait beaucoup de monde, et mettrait la guerre civile dans Paris ; j'aime mieux mourir, et je vous prie de leur ordonner, de ma part, de ne faire aucun mouvement pour me sauver. Le roi ne meurt pas en France!* » Après cette conférence, il ne put plus voir ses conseils ; il donna une note aux municipaux pour les redemander, et se plaindre de la gêne où il était d'être gardé à vue : on ne fit aucune attention à ses demandes.

Le dimanche 20 janvier, Garat, ministre de la justice, et les autres membres du pouvoir exécutif, vinrent lui notifier sa sentence de mort pour le lendemain. Le Roi l'écouta avec courage et religion ; il demanda un sursis de trois jours pour savoir ce que deviendrait sa famille, et avoir un confesseur catholique : le sursis fut refusé. Garat l'assura qu'il n'y avait aucune charge contre sa famille, et qu'on la renvoyait hors de France. Il demanda pour confesseur l'abbé Edgeworth de Firmont, dont il donna l'adresse. Garat le lui amena. Il dîna comme à son ordinaire, ce qui surprit beaucoup les municipaux, qui croyaient qu'il voudrait se tuer.

La famille apprit la sentence le dimanche 20, par les colporteurs qui vinrent la crier sous les fenêtres, à sept heures du soir ; un décret de la Convention permit aux princesses de descendre chez le Roi. Elles y coururent, et le trouvèrent bien changé ; il pleura de douleur pour elles, et non par la crainte de la mort. Il raconta son procès à la Reine, en excusant les scélérats qui le faisaient mourir; il lui répéta qu'on voulait avoir recours, pour le sauver, aux assemblées primaires, mais qu'il ne le voulait pas, parce que cette mesure mettrait le trouble dans l'État. Il donna ensuite de bonnes instructions religieuses à son fils, lui recommanda surtout de pardonner à ceux qui le faisaient mourir, et lui donna sa bénédiction ainsi qu'à sa fille. La Reine désirait ardemment que toute la famille passât la nuit avec Louis XVI : il le refusa, en lui faisant sentir qu'il avait besoin de tranquillité. Elle lui demanda au moins de revenir le lendemain matin; ce qu'il lui accorda. Mais quand elles furent parties, il demanda aux gardes qu'on ne les laissât point redescendre, parce que cela lui faisait trop de peine. Il resta ensuite avec son confesseur, et se coucha à minuit; il dormit jusqu'à cinq heures, qu'il fut éveillé par le tambour. A six heures, l'abbé Edgeworth dit la messe, à laquelle le Roi communia. Il partit sur les neuf heures. En descendant l'escalier, il donna son testament à un municipal; il lui remit aussi une somme d'argent que M. de Malesherbes lui avait apportée, et le pria de la lui faire remettre; mais les municipaux la gardèrent pour eux. Il rencontra ensuite un guichetier qu'il avait repris un peu vertement la veille; il lui dit : « *Mathieu, je suis fâché de vous avoir offensé.* » Il lut les prières des agonisants pendant le chemin. Arrivé à l'échafaud, il voulut parler au peuple; mais Santerre l'en empêcha en faisant battre le tambour : ce qu'il put dire fut entendu de peu de personnes. Il se déshabilla ensuite tout seul : ses mains furent liées avec son mouchoir, et non avec une corde. Au moment qu'il allait mourir, l'abbé lui dit : « *Fils de saint Louis, montez au ciel !* »

Il reçut le coup de la mort le 21 janvier 1793, à dix heures dix minutes du matin. Ainsi périt Louis XVI, Roi de France, âgé de trente-neuf ans cinq mois et trois jours, après avoir régné dix-huit ans. Il avait été en prison cinq mois et huit jours. Tels sont les événements les plus remarquables de sa rigoureuse captivité. On n'y voit que piété, grandeur d'âme, bonté, douceur, courage et patience à supporter les plus infâmes traitements, les plus horribles calomnies ; clémence, qui le portait à pardonner de tout son cœur à ses assassins ; amour de Dieu, de sa famille et de son peuple ; amour dont il donna des preuves jusqu'à son dernier soupir, et dont il a été recevoir la récompense dans le sein d'un Dieu tout-puissant et miséricordieux.

Le matin de ce terrible jour, les princesses se levèrent à six heures ; la veille au soir, la Reine avait eu à peine la force de déshabiller et de coucher son fils. Elle se jeta tout habillée sur son lit, où on l'entendit toute la nuit trembler de froid et de douleur. A six heures et un quart on ouvrit la porte, et on vint chercher un livre pour la messe du Roi ; les princesses croyaient descendre, et elles eurent toujours cette espérance, jusqu'à ce que les cris de joie d'une populace effrénée vinssent leur apprendre que le crime était consommé. L'après-dînée, la Reine demanda à voir Cléry, qui était resté avec Louis XVI jusqu'à ses derniers moments, et qu'il avait peut-être chargé de commissions pour elle. Les deux autres princesses désiraient qu'elle éprouvât cette secousse, afin de faire un épanchement qui la sauvât de l'étouffement où elles la voyaient. En effet, Cléry avait reçu de son maître l'ordre de rendre à la Reine son anneau de mariage, en disant qu'il ne s'en séparait qu'avec la vie; il lui avait aussi remis un paquet de cheveux de toute sa famille, en disant qu'ils lui avaient été si chers, qu'il les avait gardés sur lui jusqu'à ce moment. Les municipaux dirent que Cléry était dans un état affreux, et au désespoir qu'on lui refusât de voir les princesses. La Reine chargea des commissaires de sa demande pour le conseil général; elle demandait aussi des habits de deuil. Cléry passa encore un mois au Temple, et fut ensuite élargi.

Les prisonnières eurent un peu plus de liberté; les gardes croyaient qu'on allait les renvoyer. Mais rien ne pouvait calmer les angoisses de la Reine; on ne pouvait faire entrer aucune espérance dans son cœur, parce que la vie lui était indifférente, et qu'elle ne craignait pas la mort. Elle regardait quelquefois ses enfants et sa sœur avec une pitié qui faisait tressaillir. Heureusement, le chagrin de la jeune princesse augmenta sa maladie au point de faire une diversion favorable au désespoir de sa mère. On fit venir le médecin Brunier et le chirurgien Lacaze, qui la guérirent en un mois. Les princesses purent voir les personnes qui leur apportaient des habits de deuil, mais en présence des municipaux. La Reine ne voulut plus descendre au jardin, parce qu'il fallait passer devant la porte de l'appartement que le Roi avait habité, et que cela lui faisait trop de peine; mais, craignant que le défaut d'air ne fît mal à son fils et à sa fille, à la fin de février elle demanda à monter sur la tour, ce qui lui fut accordé. On s'aperçut dans la chambre des municipaux que le paquet scellé où était le cachet du Roi, son anneau et plusieurs autres choses, avait été ouvert, le scellé cassé, et les objets emportés. Les municipaux s'en inquiétèrent un moment; mais ils finirent par croire qu'ils avaient été enlevés par un voleur qui savait que le cachet était garni d'or. Cependant la personne qui avait pris ces objets précieux était bien intentionnée; ce n'était pas un voleur. L'homme qui les avait soustraits n'avait eu d'autre intention que de les conserver à la Reine, qui désirait que l'anneau et le cachet fussent conservés à son fils : je sais quel est ce brave homme. Mais, hélas! il est mort pour une autre bonne action!

Dumouriez étant passé hors de France, on resserra plus étroitement les prisonniers; on construisit le mur qui sépare le jardin; on mit des jalousies au haut de la tour, et on boucha tous les trous avec soin. Le 25 mars, le feu prit à la cheminée. Le soir,

Chaumette, procureur de la Commune, vint pour la première fois reconnaître la Reine, et lui demander si elle ne désirait rien. Elle demanda seulement une porte de communication avec la chambre de sa sœur. Les municipaux s'opposèrent à cette demande ; mais Chaumette dit que, dans l'état de dépérissement où était la Reine, cela pouvait être nécessaire à sa santé, et qu'il en parlerait au conseil général ; le lendemain il revint à dix heures du matin, avec Pache, le maire, et cet affreux Santerre, commandant général de la garde nationale. Chaumette dit à la Reine qu'il avait parlé au conseil général de sa demande pour la porte, et qu'elle avait été refusée. Pache lui demanda si elle n'avait point de plaintes à porter ; elle répondit, Non, sans prendre garde à ce qu'il disait. Peu de temps après il se trouva de garde quelques municipaux, qui, par leur sensibilité, adoucirent un peu les chagrins des princesses ; elles connaissaient bientôt à qui elles avaient affaire. La Reine surtout les a préservées plusieurs fois de se livrer à de faux témoignages d'intérêt.

Les persécutions redoublèrent : on empêcha Tison de voir sa fille ; il en prit de l'humeur. Un soir, voyant un étranger qui apportait des effets à Madame Élisabeth, la colère le prit de voir que cet homme entrait, plutôt que ses parents. Il dit des choses qui, rendues à Pache, qui était en bas, déterminèrent celui-ci à le faire descendre. On lui demanda pourquoi il était si mécontent : *De ne pas voir ma fille,* répondit-il, *et de voir certains munici-*

paux qui ne se conduisent pas bien (parce qu'ils parlaient bas à la Reine et à Madame Élisabeth) ; on lui en demanda les noms, il les donna, et affirma que les princesses avaient des correspondances au dehors. Questionné sur les preuves, il dit qu'un jour, au souper, la Reine, tirant son mouchoir, laissa tomber un crayon ; qu'un jour, chez Madame Élisabeth, il avait trouvé des pains à cacheter et une plume dans une boîte. Après cette dénonciation, qu'il signa, on fit venir sa femme, qui répéta la même chose ; elle accusa plusieurs municipaux, assurant que les princesses avaient eu une correspondance avec le Roi pendant son procès ; et elle dénonça Brunier, médecin de la jeune Madame, qui la traitait pour une maladie de pied, comme leur ayant appris des nouvelles : elle signa tout cela, entraînée par son mari ; mais elle en eut bien du remords dans la suite. Cette dénonciation fut faite le 19 avril. Elle vit sa fille le lendemain. Le 20, à dix heures et demie du soir, la Reine et sa fille venaient de se coucher, lorsque Hébert arriva avec plusieurs municipaux. Elles se levèrent précipitamment, et ils leur lurent un arrêté de la Commune qui ordonnait de les fouiller à discrétion ; ce qu'ils firent exactement jusque sous les matelas. Le Dauphin dormait, ils l'arrachèrent de son lit avec dureté pour y fouiller ; sa mère le prit tout transi de froid ; ils ôtèrent à la Reine une adresse de marchand qu'elle avait conservée, un bâton de cire à cacheter qu'ils trouvèrent chez Madame Élisabeth ; et à Madame ils prirent un sacré cœur de Jésus et une prière pour la France. Leur visite ne finit qu'à quatre heures du matin. Ils firent un procès-verbal de tout ce qu'ils avaient trouvé; ils forcèrent la Reine et madame Élisabeth à le signer, en les menaçant d'emmener les enfants si elles s'y refusaient. Ils étaient furieux de n'avoir trouvé que des bagatelles. Trois jours après, ils revinrent et demandèrent madame Élisabeth en particulier. Alors ils l'interrogèrent sur un chapeau qu'ils avaient trouvé dans sa chambre ; ils lui demandèrent d'où il venait, depuis quand elle le conservait, et pourquoi elle l'avait gardé. Elle dit qu'il avait appartenu au Roi dans les premiers jours de son séjour au Temple, et qu'elle le lui avait demandé pour le conserver. Les municipaux dirent qu'ils allaient lui ôter ce chapeau, comme une chose suspecte; et quoiqu'elle insistât pour le garder, ils ne voulurent point y consentir, mais ils la forcèrent de signer sa réponse, et emportèrent le chapeau.

La Reine montait tous les jours sur la tour pour faire prendre l'air aux enfants. Depuis quelques jours le Dauphin se plaignait d'un point de côté ; mais le 9 mai, à sept heures du soir, la fièvre le prit assez fortement avec douleur à la tête, et toujours le point de côté. Dans les premiers jours, il ne pouvait rester couché, parce qu'il étouffait. Son auguste mère s'inquiéta, et demanda un médecin aux municipaux. Ils l'assurèrent que la maladie n'était rien, et que sa tendresse maternelle s'inquiétait mal à propos; cependant ils en parlèrent au conseil, et demandèrent, de la part de la Reine, le médecin Brunier. Le conseil ne tint pas compte de la maladie du Dauphin, parce qu'*Hébert* dit l'avoir vu à cinq heures sans fièvre. C'est pourquoi l'on refusa absolument Brunier, le même que Tison avait dénoncé peu de temps avant. Cependant la fièvre devint très-forte, et Madame Élisabeth vint prendre dans la chambre de la Reine la place de Madame Royale, pour que cette jeune princesse ne couchât pas dans l'air de la fièvre, et aussi pour aider sa sœur à soigner le malade. La jeune princesse coucha dans la chambre de sa tante. La fièvre continua plusieurs jours ; les accès étaient plus forts le soir. La Reine demanda un médecin pendant plusieurs jours, sans pouvoir en obtenir. Enfin, un dimanche, arriva Thierry, médecin des prisons, nommé par la Commune pour soigner le Dauphin. Comme il vint le matin, il lui trouva peu de fièvre ; mais la Reine lui ayant dit de revenir l'après-dînée, il la trouva très-forte, et il désabusa les municipaux de l'idée où ils étaient que la Reine s'inquiétait pour rien. Il leur dit, au contraire, que c'était plus sérieux qu'elle ne le pensait. Il eut même l'honnêteté d'aller consulter Brunier sur la maladie et sur les remèdes qu'il fallait lui donner, parce que Brunier connaissait le tempérament du Dauphin, qu'il soignait depuis l'enfance. Il lui donna quelques médicaments qui lui firent du bien. Le mercredi il lui fit prendre médecine, et le soir la jeune princesse vint coucher dans la chambre de sa mère, qui avait des craintes à cause de la médecine que le Dauphin devait prendre, parce que, la dernière fois qu'il avait été purgé, il avait eu des convulsions affreuses : elle craignait qu'il n'en eût encore. Elle ne dormit pas de la nuit. Cependant le Dauphin prit facilement sa médecine, et elle lui fit du bien, sans lui causer aucun accident. Quelques jours après, il en prit une seconde qui lui réussit aussi bien, si ce n'est qu'il se trouva mal par l'effet de la chaleur. Il n'eut plus que quelques accès de fièvre de temps en temps, et quelquefois son point de côté. Mais sa santé commença dès lors à s'altérer, et elle ne s'est jamais remise depuis, le défaut d'air et d'exercice lui ayant fait beaucoup de mal, ainsi que le genre de vie que menait ce pauvre enfant, qui, à l'âge de huit ans, se trouvait toujours au milieu des larmes et des secousses, des saisissements et des terreurs continuelles.

Le 31 mai, les princesses entendirent battre la générale et sonner le tocsin, sans qu'on voulût leur dire pourquoi il y avait tant de bruit. On défendit de les laisser monter sur la tour pour prendre l'air ; défense qui se renouvelait chaque fois que Paris était en rumeur. Au commencement de juin, Chaumette vint avec Hébert, un soir à six heures, et demanda encore une fois à la Reine si elle ne désirait rien et si elle n'avait point de plaintes à former. Elle répondit que non. Mais Madame Élisabeth demanda à Hébert le chapeau dont on a déjà parlé, et qu'il lui avait emporté ; il lui répondit que le conseil n'avait pas jugé à propos de le rendre. Alors madame Élisabeth voyant que Chaumette ne s'en allait point, et sachant combien sa sœur souffrait intérieurement de sa présence, elle lui demanda pourquoi il était venu, et s'il resterait. Chaumette lui répondit qu'ayant fait la visite des prisons, et toutes les prisons étant égales, il était venu au Temple. Peu de jours après, le Dauphin s'évanouit; Thierry étant venu de nouveau, mais avec un chirurgien nommé Soupé et un autre nommé Jupales, cette incommodité n'eut point de suite.

Madame Tison devint folle. Elle était inquiète de la maladie du Dauphin, et depuis longtemps tourmentée de remords; elle languissait, et ne voulait plus prendre l'air. Elle se mit un jour à parler toute seule : et cela ayant fait rire la jeune princesse, sa mère et sa tante la regardaient avec complaisance, et avec un air de satisfaction qui montrait le plaisir qu'elles éprouvaient à lui voir un moment de gaieté. Mais la folie de madame Tison augmenta; elle parlait tout haut de ses fautes, de ses dénonciations, de prison, d'échafaud, de la Reine, de sa famille, de leurs malheurs : se reconnaissant, par ses fautes, indigne d'approcher des princesses, elle croyait que les personnes qu'elle avait dénoncées avaient péri. Tous les jours elle attendait les municipaux qu'elle avait accusés, et, ne les voyant pas, elle se couchait encore plus triste. Elle faisait des rêves affreux, qui lui faisaient pousser des cris que les prisonnières entendaient. Les municipaux lui permirent de voir sa fille, qu'elle aimait toujours beaucoup. Un jour que le portier, qui ne savait pas cet ordre, avait refusé de laisser entrer cette fille, les municipaux, voyant la mère désespérée, la firent venir à dix heures du soir. Cette heure l'effraya encore plus ; elle eut beaucoup de peine à se résoudre à descendre ; et, dans l'escalier, elle disait à son mari : *On va nous conduire en prison*. Cependant elle vit sa fille, mais ne put la reconnaître ; dans son délire, elle croyait toujours qu'on voulait l'arrêter. Elle remonta avec un municipal, et, au milieu de l'escalier, elle ne voulait plus ni monter ni descendre. Le municipal, effrayé, appela du monde pour la monter. Arrivée en haut, elle ne voulut pas se coucher ; elle ne fit que parler et crier, ce qui empêcha les princesses de dormir. Le lendemain, le médecin la vit, et la trouva tout à fait folle. Elle était toujours aux pieds de la Reine, pour lui demander pardon. Aussi il est impossible d'avoir plus de compassion qu'elle n'en eut, ainsi que Madame Élisabeth, pour cette femme, dont assurément elles n'avaient pas lieu de se louer. Elles la soignèrent et l'encouragèrent tout le temps qu'elle resta au Temple dans cet état. Elles tâchaient de la calmer, par l'assurance véritable de leur pardon. Le lendemain, on l'ôta de la tour ; on la mit au château : mais sa folie augmentant de plus en plus, on la transporta à l'hôtel-Dieu, et l'on mit auprès d'elle une femme de la police pour recueillir tout ce que, dans son délire, elle pourrait laisser échapper sur la famille royale.

Le 3 juillet, on lut aux princesses un décret de la Convention, qui portait que le Dauphin serait séparé d'elles, et mis dans l'appartement le plus sûr de la tour. A peine ce jeune prince eut-il entendu prononcer cette séparation, qu'il se jeta dans les bras de sa mère en poussant les hauts cris, et demandant à n'être pas séparé d'elle. La malheureuse Reine, de son côté, fut atterrée par ce cruel ordre. Elle ne voulait pas donner son fils, et défendait contre les municipaux le lit où elle l'avait placé. Mais ceux-ci, voulant absolument l'avoir, menaçaient d'employer la violence et de faire monter la garde. La Reine leur répondit qu'ils n'avaient donc qu'à la tuer, plutôt que de lui arracher son enfant; et une heure se passa ainsi en résistance de sa part, en injures, en menaces de la part des municipaux, en pleurs et en prières de la part des deux autres princesses. Enfin, ils la menacèrent si positivement de tuer l'enfant, si on ne le leur livrait pas, que sa tendresse maternelle la détermina encore à ce sacrifice. Madame Élisabeth et Madame Royale levèrent le Dauphin, car sa pauvre mère n'avait plus de force; et cependant, après qu'il fut habillé, elle le prit et le remit entre les mains des municipaux, en le baignant de ses larmes, prévoyant dans l'avenir qu'elle ne le reverrait plus. Ce pauvre petit embrassa bien tendrement sa mère, sa tante et sa sœur, et sortit en pleurs avec les municipaux. La Reine les chargea de demander pour elle au conseil général la permission de voir son fils, ne fût-ce qu'aux heures des repas : ils s'en chargèrent. Elle se trouvait accablée du malheur d'en être séparée ; mais sa désolation fut au comble, quand elle sut que c'était un certain Simon, cordonnier de son métier, qu'elle avait déjà vu venir au Temple en qualité de municipal, qui était chargé de son malheureux fils. Elle demandait sans cesse à le voir, sans pouvoir l'obtenir. Le Dauphin, de son côté, pleura deux jours entiers sans pouvoir se consoler, et demanda sans cesse à voir ses parents. Les municipaux ne restèrent plus chez la Reine ; elle restait nuit et jour enfermée sous les verrous avec Madame Élisabeth et Madame Royale. Mais c'était un adoucissement à leur malheur que d'être débarrassées de pareilles gens. Les gardes ne venaient plus que trois fois par jour pour apporter les repas, visiter les fenêtres, et voir si les barreaux n'étaient pas dérangés. Les princesses n'avaient plus personne pour les servir, et s'en trouvaient plus heureuses. Madame Élisabeth et la jeune princesse faisaient les lits et servaient la Reine. Elles montaient sur la tour bien souvent, parce que le Dauphin y montait de son côté, et que le seul plaisir de la Reine était de le voir passer de loin par une petite fente. Elle y restait des heures entières, pour y guetter l'instant de voir passer cet enfant. Elle n'en avait que rarement des nouvelles, soit par les municipaux, soit par Tison, qui voyait quelquefois Simon. Tison tâchait de réparer sa conduite passée ; et, pour faire oublier ses anciennes fautes, il apprenait aux princesses ce qu'il savait du Dauphin.

Quant à Simon, il maltraitait cet enfant au delà de tout ce qu'on peut imaginer, et d'autant plus qu'il pleurait d'être séparé de sa famille. Enfin, il le réduisit au point qu'il n'osait plus verser de larmes. Madame Élisabeth, qui n'ignorait rien de tout cela, engagea Tison, et ceux qui par pitié en donnaient des nouvelles, à cacher toutes ces horreurs à la Reine, qui en savait ou en soupçonnait bien assez. Un certain jour, le bruit parvint jusqu'à la Convention que le Dauphin avait été vu sur le boulevard; la garde du Temple, qui ne le voyait pas, publiait qu'il n'y était plus, et même, hélas! les princesses eurent un instant l'espérance que cela pouvait être vrai! Mais tout le monde fut bientôt détrompé ; la Convention ordonna de le faire descendre au jardin, pour qu'il fût vu. Alors le jeune prince, dont on n'avait pas encore eu le temps d'altérer tout à fait les facultés, se plaignit d'être séparé de sa mère; mais on le fit taire. Aussitôt les membres de la Convention qui avaient été envoyés pour s'assurer de la présence du Dauphin, étant montés chez la Reine, elle leur porta plainte de la cruauté qu'on avait de lui ôter son fils. Ils répondirent qu'on croyait nécessaire de prendre cette mesure. Un nouveau procureur général avait été nommé ; il vint aussi voir les prisonnières. Ses manières les étonnèrent, malgré tout ce qu'elles avaient appris à connaître depuis leurs malheurs. Du moment que cet homme entrait dans la chambre, jusqu'à son départ, il ne faisait que jurer.

Le 2 août, à deux heures du matin, on vint les éveiller, pour lire à la Reine le décret de la Convention qui ordonnait que, sur la réquisition du procureur de la Commune, elle serait conduite à la Conciergerie, pour qu'on lui fît son procès. Elle entendit la lecture de ce décret sans s'émouvoir, et sans leur dire une seule parole : mais Madame Élisabeth et Madame Royale se hâtèrent de demander à suivre la Reine; ce qui leur fut refusé. Pendant tout le temps que la Reine fit le paquet de ses vêtements, les municipaux ne la quittèrent point; elle fut même obligée de s'habiller devant eux. On lui demanda ses poches, qu'elle donna; ils les fouillèrent, et prirent tout ce qu'elles contenaient, quoiqu'il n'y eût rien d'important. Ils en firent un paquet pour l'envoyer au tribunal révolutionnaire, et dirent à la Reine que ce paquet serait ouvert devant elle au tribunal. Ils ne lui laissèrent qu'un mouchoir et un flacon; elle partit après avoir embrassé sa fille, en l'engageant à conserver tout son courage, et en lui recommandant d'avoir bien soin de sa tante, et de lui obéir comme à une seconde mère; puis elle se jeta dans les bras de sa sœur, et lui recommanda ses enfants. La jeune princesse était tellement saisie, et son affliction était si profonde de se voir séparée de sa mère, qu'elle n'eut pas la force de lui répondre. Enfin, Madame Élisabeth ayant adressé quelques mots à l'oreille de la Reine, elle partit sans jeter davantage les yeux sur sa fille, dans la crainte de perdre sa fermeté. Elle fut encore obligée de s'arrêter au bas de la tour, parce que les municipaux voulurent faire un procès-verbal pour la décharge de sa personne. En sortant, elle se frappa la tête au guichet, faute de penser à se baisser; et comme on lui demanda si elle ne s'était pas fait du mal : « Oh non ! dit-elle; rien à présent ne peut plus me faire du mal. » Elle monta en voiture avec un municipal et deux gendarmes. Arrivée à la Conciergerie, on la mit dans la chambre la plus sale, la plus humide et la plus malsaine de toute la maison. Elle eut toujours un gendarme, qui ne la quitta ni jour ni nuit. Madame Élisabeth et Madame Royale étaient inconsolables, et passèrent bien des jours et bien des nuits dans les larmes. On avait cependant assuré à Madame Élisabeth, quand sa sœur partit, qu'il ne lui arriverait rien.

C'était une grande consolation pour Madame Royale de n'être pas séparée de sa tante, qu'elle aimait beaucoup ; mais, hélas ! tout devait périr autour d'elle, et bientôt elle allait la perdre aussi.

Le lendemain du départ de la Reine, Madame Élisabeth demanda instamment d'être réunie à sa sœur, mais elle ne put l'obtenir : elle ne put même savoir de ses nouvelles. Comme elle savait que la Reine, qui n'avait jamais bu que de l'eau, ne pouvait pas boire de celle de la Seine, parce qu'elle lui faisait mal, elle pria les municipaux de lui faire porter de l'eau de Ville-d'Avray, qui passait tous les jours au Temple. Ils y consentirent, et prirent en conséquence un arrêté; mais il arriva un de leurs collègues qui s'y opposa, et l'arrêté n'eut pas d'effet. Peu de jours après, la Reine, pour avoir des nouvelles de sa fille et de Madame Élisabeth, essaya d'envoyer demander au Temple quelque chose qui lui était utile, et entre autres son tricot, parce qu'elle avait entrepris de faire une paire de bas pour le Dauphin. Elles le lui envoyèrent, et tout ce qu'elles trouvèrent de soie et de laine, parce qu'elles savaient combien la Reine avait toujours aimé à s'occuper. Elles se rappelaient que, dans des temps plus heureux, elle ne cessait de travailler qu'aux heures de représentation. Cependant tous leurs soins furent perdus, et rien ne fut remis à la Reine de ce qu'elles avaient envoyé. Elles surent même qu'on ne lui avait pas remis tous ces objets, dans la crainte qu'elle ne se servît des aiguilles à tricoter pour attenter à ses jours.

Les deux prisonnières eurent pendant quelque temps des nouvelles du Dauphin par les municipaux, mais cela ne dura point. Elles l'entendaient tous les jours chanter avec Simon *la Carmagnole,* l'air des *Marseillais*, et autres horreurs pareilles. Simon lui mit le bonnet rouge et une carmagnole sur le corps. Il le faisait chanter aux fenêtres pour qu'il pût être entendu par la garde, et il lui apprenait à prononcer des jurements affreux contre Dieu, sa famille et les aristocrates (1). La Reine heureusement n'a pas entendu toutes ces horreurs, elle était partie avant qu'on lui eût appris à les dire : c'est un supplice dont le ciel l'a préservée. Avant que la Reine partît du Temple, on était venu chercher les habits du Dauphin : à cette occasion, elle demanda que le fils de Louis XVI ne quittât pas le deuil ; mais ce fut la première chose que Simon fit de lui ôter son habit noir. Le changement de vie et les mauvais traitements dont il était accablé le rendirent malade vers la fin

(1) L'infâme Simon a trouvé la mort sur l'échafaud, le 29 juillet 1794.

d'août. Simon le faisait manger avec excès, et le forçait de boire beaucoup de vin, quoiqu'il ne pût souffrir cette boisson. Ce régime lui donna bientôt la fièvre : il prit une médecine qui lui réussit mal, et sa santé se dérangea tout à fait. Il était extrêmement engraissé, sans prendre de croissance. Simon le menait cependant encore prendre l'air sur la tour.

Au commencement de septembre, Madame Royale eut une indisposition qui n'avait d'autre cause que son inquiétude sur le sort de sa mère ; elle n'entendait pas de fois le tambour qu'elle ne craignît un nouveau Deux Septembre. Tous les jours, elle montait sur la tour avec sa tante ; les municipaux faisaient exactement la visite trois fois par jour ; mais leur sévérité n'empêchait pas que les prisonnières ne sussent quelquefois des nouvelles du dehors, et particulièrement de la Reine, qui les occupait le plus. Malgré tous les efforts de ces hommes qu'aucune pitié ne touchait, elles ont toujours trouvé quelques bonnes âmes dont l'intérêt leur a été utile. Elles apprirent qu'on accusait la Reine d'avoir eu des correspondances au dehors. Aussitôt elles jetèrent leurs écritures, leurs crayons, et tout ce qu'elles conservaient encore, craignant qu'on ne les fît déshabiller devant la femme de Simon, et que les choses qu'elles avaient ne compromissent la Reine ; car elles avaient toujours conservé de l'encre, du papier et des plumes malgré les fouilles les plus exactes, dans leurs chambres et dans leurs meubles. Elles surent aussi que la Reine avait pu se sauver de la Conciergerie ;

la femme du concierge n'était point insensible à ses malheurs, et en avait tout le soin qui lui était possible.

Les municipaux vinrent encore leur demander du linge pour la Reine, mais sans vouloir leur donner des nouvelles de sa santé. On leur ôta les morceaux de tapisserie qu'elle avait faits, et même ceux auxquels ces augustes princesses travaillaient, croyant qu'il pouvait y avoir, dans ces ouvrages, des caractères mystérieux et une manière particulière d'écrire.

Le 21 septembre, à une heure du matin, Hébert arriva avec plusieurs municipaux pour exécuter un arrêté de la Commune, qui portait que les deux prisonnières seraient resserrées beaucoup plus qu'elles ne l'avaient été jusque-là ; qu'elles n'auraient plus qu'une chambre ; que Tison, qui faisait encore le gros ouvrage, serait mis en prison dans la tourelle ; qu'elles seraient réduites au simple nécessaire ; qu'elles auraient un tour à leur porte d'entrée, par lequel on ferait passer les aliments; et qu'excepté le porteur d'eau et de bois, personne n'entrerait dans leur chambre. Le tour à la porte n'eut pas lieu; les municipaux continuèrent d'entrer trois fois par jour, pour faire soigneusement la visite des barreaux des fenêtres, des armoires et des commodes. Elles faisaient elles-mêmes leurs lits, et balayaient leur chambre ; chose qui durait longtemps, par le peu d'habitude qu'elles en avaient dans le commencement. Enfin, elles n'eurent plus personne pour les servir. Hébert dit à Madame Élisabeth que, dans la République française, l'égalité était la première des lois, et que, dans les prisons les autres détenus n'ayant personne pour les servir, elles n'auraient plus Tison. Pour les traiter avec plus de dureté, on leur ôta jusqu'aux moindres commodités, par exemple, un fauteuil dont se servait Madame Élisabeth, et plusieurs autres petites choses aussi nécessaires. Quand leurs repas arrivaient, on fermait brusquement la porte, pour qu'elles ne vissent pas les personnes qui les leur apportaient. Elles ne purent plus savoir aucune nouvelle, si ce n'est par les colporteurs, dont elles entendaient les cris. On leur défen : dit de monter sur la tour, et on leur ôta de grands draps qu'elles avaient, dans la crainte que, malgré les barreaux, elles ne descendissent par les fenêtres; c'était le prétexte dont on se servit : mais le véritable motif de ce changement, c'est que l'on voulait leur donner des draps sales et bien gros. Je crois que c'est dans ce moment que le procès de la Reine a commencé. J'ai appris, depuis sa mort, qu'on avait voulu la sauver de la Conciergerie, et que par malheur le projet n'a pas réussi. On m'a assuré que les gendarmes qui la gardaient et la femme du concierge avaient été gagnés; qu'elle avait vu plusieurs personnes bien dévouées dans sa prison, entre autres un prêtre qui lui avait administré les sacrements, qu'elle avait reçus avec une grande piété.

L'occasion de se sauver manqua une fois, parce qu'on lui avait recommandé de parler à la seconde garde, et qu'elle parla par erreur à la première. Une autre fois qu'elle était hors de sa chambre, et qu'elle avait déjà passé le corridor, un gendarme s'opposa à son départ, et l'obligea à rentrer chez elle ; ce qui fit échouer l'entreprise. Ces tentatives ne doivent point étonner, quand on réfléchit que tous les honnêtes gens s'intéressaient à la Reine, et qu'à l'exception de ces âmes viles et féroces qui dominaient alors, toutes les personnes qui avaient eu le bonheur de l'approcher et de la voir quelques instants étaient pénétrées de respect pour elle ; tant sa bonté tempérait ce que la dignité de son maintien avait d'imposant. Madame Élisabeth et Madame Royale ne surent aucun de ces détails dans le temps. Seulement, elles apprirent que la Reine avait vu un chevalier de Saint-Louis qui lui avait donné un œillet dans lequel était un billet ; mais comme elles furent resserrées, elles ne purent savoir la suite de cet événement (1).

Tous les jours, elles étaient visitées et fouillées par les municipaux. Le 4 septembre, ils arrivèrent à quatre heures du matin pour faire une visite complète et ôter l'argenterie et la porcelaine. Ils empor-

(1) M. Hue en donne le détail. Le chevalier de Saint-Louis se nommait de Rougeville. S'étant fait inviter à dîner chez un certain Michonis, municipal, et l'un des administrateurs des prisons de Paris, il obtint adroitement de lui la permission de voir la Reine. Sous le prétexte de la fête d'une dame il s'était muni d'un bouquet. La dame lui rendit un œillet, dans lequel il cacha un billet portant : *J'ai à votre disposition des hommes et de l'argent.* Dès qu'il fut auprès de la Reine, il lui offrit l'œillet. Avertie par un coup d'œil d'y chercher le billet, elle l'avait déjà parcouru et y faisait avec une épingle une réponse négative, lorsqu'un garde entra brusquement et le saisit. Tout fut alors découvert ; M. de Rougeville s'échappa, mais Michonis périt sur l'échafaud.

tèrent le peu qu'il en restait, et n'ayant pu trouver le compte, ils les accusèrent d'en avoir volé. Des princesses accusées de vol, quelle indignité! Mais c'étaient leurs collègues qui étaient les voleurs, et ils l'ignoraient. Ils trouvèrent derrière les tiroirs de la commode de Madame Élisabeth un rouleau de louis, dont ils s'emparèrent sur-le-champ avec une avidité extraordinaire. Ils l'interrogèrent soigneusement pour savoir qui lui avait donné cet or, depuis quand elle l'avait, et pour qui elle l'avait conservé. Elle répondit que c'était madame la princesse de Lamballe qui le lui avait donné après le 10 août, et que, malgré les recherches, elle l'avait toujours conservé. Ils lui demandèrent encore qui l'avait donné à madame de Lamballe; mais à cette question elle répondit qu'elle n'en savait rien.

Effectivement les femmes de madame la princesse de Lamballe trouvèrent moyen de lui faire passer cet or au Temple, et elle l'avait donné à la famille royale. Ils interrogèrent aussi Madame Royale, et lui demandèrent son nom, comme s'ils ne le savaient pas, et lui firent signer le procès-verbal.

Le 8 octobre, à midi, pendant que les princesses étaient à faire leurs chambres et à s'habiller, arrivèrent Pache, Chaumette et David, membres de la Convention, avec plusieurs municipaux. Madame Élisabeth n'ouvrit que quand elle fut habillée. Pache, se tournant vers la jeune princesse, la pria de descendre : sa tante voulut la suivre, mais on l'en empêcha. Elle demanda si sa nièce remonterait;

Chaumette l'en assura, en disant : *Vous pouvez compter sur la parole d'un bon républicain ; elle remontera.* Elle embrassa Madame Élisabeth, qui était toute saisie, et descendit très-embarrassée de se trouver seule pour la première fois avec des hommes ; elle ne savait ce qu'ils lui voulaient ; mais elle se recommanda à Dieu. Chaumette, dans l'escalier, voulut lui faire des politesses ; elle feignit de ne point les entendre, et elle arriva bientôt chez son frère, qu'elle embrassa bien tendrement, mais que l'on arracha de ses bras, en lui disant de passer dans l'autre chambre. Chaumette lui dit de s'y asseoir, ce qu'elle fit : il se mit en face d'elle, pendant qu'un municipal prit la plume. Chaumette lui demanda son nom. Ce fut ensuite Hébert qui l'interrogea ; il commença ainsi : « Dites la vérité, cela ne regarde ni vous ni vos parents. *Cela ne regarde pas ma mère ?* Non, mais des personnes qui n'ont pas fait leur devoir. Connaissez-vous les citoyens Toulan, Lepitre, Brenot, Brugnot, Merle, Michonis ? *Non, monsieur.* Cela est faux ; surtout Toulan, ce petit jeune homme qui venait souvent pour le service du Temple. *Je ne le connais pas plus que les autres.* Vous souvenez-vous d'un jour où vous êtes restée seule dans la tourelle avec votre frère ? *Oui.* Vos parents vous y avaient mise pour parler plus à leur aise avec ces gens-là ? *Non, monsieur ; mais pour nous accoutumer au froid.* Que fîtes-vous dans cette tourelle ? *Nous parlions, nous jouions.* Et, en sortant, vous êtes-vous aperçue de ce qu'ils portaient à vos parents? *Je ne m'en suis pas aperçue.* » Chaumette l'interrogea ensuite sur mille vilaines choses dont ils accusaient sa mère et sa tante. Elle fut saisie de telles horreurs et si indignée de leurs questions, que, malgré toute la peur qu'ils lui faisaient, elle ne put s'empêcher de leur dire que c'était une infamie; et quoique alors les larmes lui vinssent aux yeux, il n'en insista que plus fortement. Il lui adressa beaucoup de questions qu'elle ne pouvait comprendre; mais elle en entendait assez pour pleurer d'indignation. Il l'interrogea ensuite sur Varennes, et lui fit beaucoup de questions auxquelles elle répondit le mieux qu'elle put, sans compromettre personne. Elle avait toujours entendu dire à ses parents qu'il valait mieux mourir que de compromettre qui que ce soit. Enfin l'interrogatoire finit à trois heures; il durait depuis midi. Elle demanda à Chaumette avec chaleur à être réunie à sa mère, disant avec vérité qu'elle l'avait demandé à sa tante beaucoup de fois. « Je n'y puis rien, lui dit-il. *Quoi! monsieur! vous ne pouvez pas l'obtenir du conseil général?* Je n'y ai aucune autorité. » Il la fit ensuite reconduire chez elle avec trois municipaux, en lui recommandant de ne rien dire à sa tante, qu'on allait aussi faire descendre. En arrivant, elle se jeta dans les bras de sa tante; mais on l'en sépara bientôt, pour la faire descendre. On lui fit les mêmes questions qu'à Madame Royale sur les personnes déjà nommées. Elle dit qu'elle connaissait de nom et de visage ces municipaux et autres qu'on lui nommait, mais qu'elle n'avait eu aucun rapport avec eux. Elle nia toutes correspondances au dehors, et répondit avec encore plus de mépris aux vilaines choses sur lesquelles on l'interrogea. Elle remonta à quatre heures; son interrogatoire ne dura qu'une heure, parce que les députés virent qu'ils ne pouvaient pas l'intimider, comme ils avaient espéré, à la longue, d'intimider une jeune personne. Ils s'abusaient cependant beaucoup en comptant sur ce moyen; ils oubliaient que la manière de vivre de Madame Royale depuis quatre ans, et surtout l'exemple du courage de ses parents, lui avaient donné une énergie et une force d'âme bien au-dessus de son âge.

Chaumette avait assuré aux princesses que ces interrogatoires n'avaient aucun rapport à la Reine, et qu'on ne la jugeait pas. Hélas! il les avait trompées, car on fit son procès presque aussitôt, et on la fit périr sans que les princesses le sussent. Voici les seules particularités qu'elles apprirent par la suite sur cet infâme jugement. D'abord les noms des deux défenseurs. Elles surent que Simon et Mathieu, concierges de la tour du Temple, avaient été interrogés, ainsi que beaucoup d'honnêtes gens que la Reine fut bien fâchée de voir compromis pour elle. Elles apprirent que l'on avait fait venir au tribunal le médecin Brunier. On lui demanda « s'il connaissait la Reine? *Oui*. Depuis quand? *Depuis* 1788, *que la Reine m'a confié la santé de ses enfants*. Quand vous alliez au Temple, vous avez procuré aux détenus des correspondances au dehors? » La Reine dit alors : *Le médecin Brunier, comme vous savez, n'est jamais venu au Temple qu'accompagné d'un municipal, et ne nous a parlé qu'en sa présence.* Enfin, elles surent que l'interrogatoire avait duré trois jours et trois nuits, sans discontinuer. On lui fit des questions de toute nature sur des choses indignes. On sait la belle réponse qu'elle fit à une des plus atroces. Le peuple en fut attendri, et les juges hâtèrent sa condamnation, parce qu'ils furent effrayés de l'effet que sa fermeté, sa dignité et son courage pouvaient produire sur le peuple. Elle entendit sa sentence avec beaucoup de calme. On lui donna un prêtre jureur pour ses derniers moments : quelque chose qu'il lui dît, après l'avoir refusé avec douceur, elle ne l'écouta plus, et ne voulut point se servir de son ministère. Elle se mit à genoux, pria Dieu toute seule pendant longtemps, toussa un peu, se coucha ensuite, et dormit quelques heures. Le lendemain, sachant que le curé de Sainte-Marguerite était en prison en face d'elle, elle s'approcha de sa fenêtre, regarda la sienne, se mit à genoux; on a dit qu'il lui avait donné l'absolution ou sa bénédiction; puis, ayant fait le sacrifice de sa vie, elle alla à la mort avec courage, au milieu des jurements qu'un malheureux peuple égaré proférait contre elle. Son courage ne l'abandonna pas sur la charrette et sur l'échafaud; elle en montra autant à sa mort que pendant sa vie.

Ainsi mourut, le 16 octobre 1793, Marie-Antoinette-Josèphe-Jeanne de Lorraine, fille d'un empereur et femme d'un roi; elle était âgée de trente-sept ans et onze mois, et avait été vingt-trois ans en France : elle mourut huit mois après Louis XVI.

Les princesses ne pouvaient pas se persuader que la Reine fût morte, quoiqu'ils eussent entendu crier sa condamnation par un colporteur : l'espérance, si naturelle aux malheureux, leur fit croire qu'on l'avait sauvée.

Il y avait des instants où, malgré leur espoir dans les puissances étrangères, elles avaient cependant de vives inquiétudes pour elle, en voyant la rage de ce malheureux peuple contre toute la famille. Madame Royale est restée dans ce cruel doute pendant un an et demi.

Les princesses apprirent par les colporteurs la mort du duc d'Orléans : ce fut la seule nouvelle qui leur parvint durant l'hiver. Elle leur avait donné un moment d'espoir; mais les fouilles recommencèrent bientôt, et on les traita avec plus de dureté encore. Madame Élisabeth, qui avait depuis la Révolution un cautère au bras, eut beaucoup de peine à obtenir de quoi le soigner; on lui refusa longtemps les choses nécessaires : enfin, un jour, un municipal remontra l'inhumanité d'un tel procédé, et envoya chercher de l'onguent. On lui ôta aussi les moyens de faire les jus d'herbes que Madame Royale prenait le matin pour sa santé. N'ayant plus de poisson les jours maigres, elle demanda des œufs ou d'autres plats de maigre. On les lui refusa, en disant que l'égalité ne permettait pas de différence dans les jours; qu'il n'y avait plus de semaines, mais des décades; et on leur apporta un nouvel almanach.

Un autre jour qu'elle demandait du maigre, on lui répondit : *Mais, citoyenne, tu ne sais donc pas ce qui se passe? il n'y a plus que des sots qui croient à tout cela!* Elle ne fit plus aucune demande. On continua toujours les fouilles, particulièrement au mois de novembre; il fut ordonné de fouiller les prisonnières tous les jours trois fois. Il y en eut une qui dura depuis quatre heures jusqu'à huit heures et demie du soir; les quatre municipaux qui la firent étaient tout à fait ivres. On ne peut se faire une idée de leurs propos, de leurs injures, de leurs jurements pendant quatre heures. Ils emportèrent des bagatelles, comme des chapeaux, des cartes avec des rois, et des livres où il y avait des armes : cependant ils laissèrent les livres de religion, après avoir proféré à leur occasion mille impuretés et mille sottises. Simon accusa les princesses de faire de faux assignats et d'avoir des correspondances au dehors; il prétendait qu'elles avaient communiqué avec le Roi pendant son procès. Simon en fit la déclaration au nom du pauvre petit Dauphin, qu'il avait forcé de signer ce mensonge. Le bruit qu'il prétendait être celui de la fausse monnaie, qu'il les accusait aussi de faire, était celui de leur trictrac, parce que Madame Élisabeth, pour distraire sa nièce, lui avait appris ce jeu. Elles y jouaient le soir pendant l'hiver, qui se passa assez tranquillement, malgré les inquisitions, les visites et les fouilles. On leur donna du bois, qu'on leur avait d'abord refusé.

Le 19 janvier, elles entendirent un grand bruit chez le Dauphin, ce qui leur fit conjecturer qu'il s'en allait du Temple; et elles en furent convaincues quand, regardant par le trou de la serrure, elles virent emporter des paquets. Les jours d'après, elles entendirent ouvrir la porte et marcher dans la chambre; et, toujours persuadées qu'il était parti, elles crurent qu'on avait mis en bas quelque personnage considérable. C'était Simon qui était parti : forcé d'opter entre la place de municipal et celle de gardien du Dauphin, il avait préféré la première place, et on avait eu la cruauté de laisser l'enfant seul. Barbarie inouïe, qui n'a jamais eu d'exemple, d'abandonner ainsi un malheureux enfant de huit ans, déjà malade, et de le tenir enfermé dans sa chambre sous clef et verrous, sans autre secours qu'une mauvaise sonnette qu'il ne tirait jamais, tant il avait frayeur des gens qu'il aurait appelés, aimant mieux manquer de tout que de demander la moindre chose à ses persécuteurs. Il était dans un lit qu'on n'avait pas remué pendant plus de six mois, et qu'il n'avait plus la force de faire : les puces et les punaises le couvraient; son linge et sa personne en étaient pleins. On ne l'a pas changé de chemise ni de bas pendant plus d'un an; ses ordures restaient aussi dans sa chambre : jamais personne ne les a emportées pendant tout ce temps. Sa fenêtre, fermée au cadenas avec des barreaux, n'était jamais ouverte, et l'on ne pouvait tenir dans cette chambre à cause de l'odeur infecte. Il aurait peut-être pu se laver lui-même, parce qu'il avait une cruche d'eau, et se tenir un peu plus propre ; mais, accablé par les mauvais traitements, il n'en avait pas le courage, et sa maladie commençait à lui en ôter la force. Il ne demandait jamais rien, tant Simon et ses autres gardiens le faisaient frémir. Il passait les jours à ne rien faire ; on ne lui donnait point de lumière. Cette position affectait autant son moral que son physique : il n'est pas étonnant qu'il soit tombé dans un marasme effroyable. Le temps qu'il a été en bonne santé et qu'il a résisté à tant de cruautés prouve sa bonne constitution.

Madame Élisabeth fit son carême entier ; elle ne déjeunait pas ; elle prenait à diner une écuelle de café au lait (c'était son déjeuner qu'elle gardait), et le soir elle ne mangeait que du pain ; elle faisait manger à Madame Royale ce qu'on lui donnait, parce qu'elle n'avait pas l'âge porté pour faire abstinence ; mais, pour elle, rien n'était plus édifiant que sa manière de vivre. Depuis le temps où on lui avait refusé du maigre, elle n'avait pas pour cela interrompu les devoirs prescrits par la religion. Au commencement du printemps, on leur ôta la chandelle, et elles se couchaient quand on n'y voyait plus.

Jusqu'au 9 mai, il ne se passa rien de remarquable. Ce jour-là, au moment où les princesses allaient se mettre au lit, on ouvrit les verrous ; on vint frapper à leur porte. Madame Élisabeth pria d'attendre, parce qu'elle passait sa robe; mais on répondit que cela ne pouvait pas être si long, et on frappa si fort, qu'on pensa enfoncer la porte. Elle ouvrit quand elle fut habillée, et aussitôt on lui dit : « Citoyenne, veux-tu bien descendre? *Et ma nièce?* On s'en occupera après. » Elle embrassa sa nièce, et lui dit de se calmer; qu'elle allait remonter. « Non, citoyenne, tu ne remonteras pas, lui dit-on alors : prends ton bonnet et descends. « Ils l'accablèrent aussi de grossièretés; elle les souffrit avec patience, embrassa encore sa nièce, lui dit d'avoir du courage et de la fermeté, d'espérer toujours en Dieu, de se servir des bons principes de religion que ses parents lui avaient donnés, et de ne point manquer aux dernières recommandations de son père et de sa mère. Elle sortit, et arriva en bas; on lui demanda ses poches, dans lesquelles il n'y avait rien : cela dura longtemps, parce que les municipaux firent un procès-verbal pour la sortie de la princesse. Enfin, après mille injures, elle partit avec l'huissier du tribunal, monta dans un fiacre, et arriva à la Conciergerie, où elle passa la nuit. Le lendemain, on lui fit trois questions : « Ton nom?—*Élisabeth de France.*—Où étais-tu le 10 août?—*Au château des Tuileries, auprès du Roi mon frère.*—Qu'as-tu fait de tes diamants?—*Je ne sais pas; au reste, toutes ces questions sont inutiles. Vous voulez ma mort : j'ai fait à Dieu le sacrifice de ma vie, et je suis prête à mourir, heureuse d'aller rejoindre mes respectables parents, que j'ai tant aimés sur la terre!* » On la condamna à mort. Elle se fit conduire dans la chambre de ceux qui devaient périr avec elle; elle les exhorta tous à la mort avec une présence d'esprit, une élévation et une onction qui les fortifia tous. Sur la charrette, elle eut toujours le même calme, et encouragea les femmes qui étaient avec elle. Arrivée au pied de l'échafaud, on eut la cruauté de la faire périr la dernière. Toutes les femmes, en descendant de la charrette, lui demandèrent la permission de l'embrasser, ce qu'elle fit en les encourageant avec sa bonté ordinaire. Ses forces ne l'abandonnèrent pas jusqu'au dernier moment, qu'elle souffrit avec une résignation toute pleine de religion.

Son âme fut séparée de son corps pour aller jouir du bonheur dans le sein d'un Dieu dont elle était si digne.

Marie-Philippine-Élisabeth-Hélène, sœur du roi Louis XVI, mourut le 10 mai 1794, âgée de trente ans, ayant toujours été un modèle de vertus. Depuis l'âge de quinze ans, elle s'était donnée à Dieu, et ne songeait qu'à son salut. Depuis 1790, que j'ai été plus en état de l'apprécier, je n'ai vu en elle que religion, amour de Dieu, horreur du péché, douceur, piété, modestie, et grand attachement à sa famille, pour qui elle a sacrifié sa vie, n'ayant jamais voulu quitter le Roi et la Reine. Enfin, ce fut une princesse digne du sang dont elle sortait (1).

(1) On assure que Madame Royale lui ressemblait de figure; mais ce qui est plus sûr, c'est que la nièce a hérité du caractère et des vertus de sa tante, après en avoir reçu les instructions et tous les soins d'une mère. (*Note de l'éditeur.*)

On ne peut se faire une idée de la désolation de Madame Royale, quand elle se vit séparée de son auguste compagne. Elle ne savait ce qu'elle était devenue, et on ne voulut pas le lui apprendre. Elle passa une bien cruelle nuit; et, quoique très-inquiète, elle était loin de croire que sa mort fût si prochaine. Quand elle réfléchissait à la manière dont on l'avait emmenée, elle avait les plus grandes craintes; mais cependant elle cherchait toujours à se persuader qu'on la conduirait hors de France. Le lendemain, elle demanda aux municipaux ce que sa tante était devenue : ils lui dirent qu'elle avait été prendre l'air. Elle leur dit que, puisqu'elle était séparée de sa tante, elle demandait à être réunie à sa mère; ils lui dirent qu'ils en parleraient. On vint ensuite lui apporter la clef de l'armoire où était le linge de Madame Élisabeth; elle demanda de le lui faire passer, parce qu'elle n'en avait pas : ils dirent qu'ils ne le pouvaient point. Elle demandait souvent aux municipaux d'être réunie à sa mère, et de savoir des nouvelles de sa tante; ils lui répondaient toujours qu'ils en parleraient. Enfin, voyant que ses demandes étaient inutiles, et se souvenant que sa tante lui avait dit que si jamais elle restait seule, il fallait demander une femme, elle en fit la demande pour lui obéir; mais avec répugnance, parce qu'elle était sûre d'être refusée, ou d'avoir pour la servir une femme aussi méchante que ceux qui la lui enverraient. En effet, quand elle en demanda une aux municipaux, ils lui dirent qu'elle n'en avait pas besoin, et redoublèrent

BIBLIOTHÈQUE NATIONALE R.F.

de sévérité pour elle; ils lui ôtèrent les couteaux qui lui avaient été rendus. Il lui arriva de subir un interrogatoire à l'occasion d'un briquet dont on voulait la priver. De pareilles scènes se renouvelaient souvent; mais la princesse ne répondait que lorsqu'on lui adressait des interrogations positives.

Le Dauphin restait toujours seul, sans être nettoyé ; on n'entrait chez lui qu'aux repas : on n'avait aucune pitié de ce malheureux enfant. Il ne se trouva qu'un seul garde dont les manières plus honnêtes engagèrent Madame Royale à lui recommander son frère. Il osa parler de la dureté qu'on avait pour lui ; mais il fut chassé le lendemain. Pour elle, elle ne demandait à ces gens-là que le pur nécessaire ; souvent ils le refusaient avec dureté. Mais au moins elle pouvait se tenir propre, elle avait du savon et de l'eau ; elle balayait sa chambre tous les jours. Elle n'avait pas de lumière ; mais, dans les grands jours, elle souffrait moins de cette privation. Ils ne voulaient plus lui donner de livres ; elle en avait quelques-uns de piété, et des voyages qu'elle avait lus beaucoup de fois ; elle avait aussi un tricot qui l'ennuyait beaucoup.

Le 9 thermidor arriva; Madame Royale entendit battre la générale, sonner le tocsin, et fut très-inquiète. Les municipaux qui étaient au Temple ne bougèrent pas. Quand on lui apporta à dîner, elle n'osa demander ce qui se passait; mais enfin le 10 thermidor, à six heures du matin, elle entendit un bruit affreux au Temple; la garde criait aux armes, le tambour rappelait, les portes s'ouvraient et se fermaient avec bruit. Tout ce tapage était fait à l'occasion d'une visite des membres de l'Assemblée nationale, qui venaient voir si tout était tranquille. Elle entendit les verrous de la porte de son frère, que l'on ouvrait; elle se leva, et était habillée quand les membres de la Convention arrivèrent chez elle; c'était Barras et plusieurs autres : ils étaient en grand costume, ce qui étonna un peu la princesse, qui n'était pas accoutumée à les voir ainsi. Barras l'appela par son nom, et fut étonné de la trouver levée; ils sortirent, et elle les entendit haranguer les gardes sous les fenêtres, leur recommander d'être fidèles à la Convention nationale. Il s'éleva mille cris de *Vive la République! vive la Convention!* La garde fut doublée, les trois municipaux qui étaient au Temple y restèrent huit jours. A la fin du troisième jour, à neuf heures et demie, comme elle était dans son lit, n'ayant pas de lumière, et ne dormant point par inquiétude de ce qui se passait, on frappa à sa porte pour la présenter à Laurent, commissaire de la Convention, qui devait la garder ainsi que son frère.

Le lendemain, à dix heures, Laurent entra dans sa chambre, et lui demanda avec politesse si elle n'avait besoin de rien. Il entrait tous les jours trois fois chez elle, toujours avec honnêteté, et ne la tutoyait pas. Il ne fit jamais la visite des bureaux et des commodes.

La Convention envoya au bout de trois jours une

députation pour constater l'état du Dauphin. Les membres envoyés en eurent pitié, et ordonnèrent qu'on le traitât mieux. Laurent fit descendre un lit, le sien étant rempli de punaises; il lui fit prendre des bains, et lui ôta la vermine dont il était couvert. Cependant on le laissa encore seul dans sa chambre. Elle demanda bientôt à Laurent des nouvelles de ses parents, dont elle ignorait toujours la mort; il lui dit, avec un air peiné, que cela ne le regardait pas.

Le lendemain, vinrent des gens en écharpe, auxquels elle fit les mêmes questions ; ils lui dirent aussi que cela ne les regardait pas, et qu'ils ne savaient pas pourquoi elle demandait à sortir, parce qu'il leur paraissait qu'elle était très-bien. « *Il est affreux,* leur dit-elle, *d'être séparée de sa mère depuis plus d'un an sans avoir de ses nouvelles, ni de sa tante.* Vous n'êtes pas malade? *Non, monsieur, mais la plus cruelle maladie est celle du cœur.* Je vous dis que nous n'y pouvons rien ; je vous conseille de prendre patience, et d'espérer en la justice et la bonté des Français. » Elle fut exposée par l'explosion de Grenelle, qui lui causa une grande frayeur. Pendant tout ce temps-là, son frère resta toujours seul. Laurent entrait chez lui trois fois par jour ; mais, dans la crainte de se compromettre, il n'osait faire tout ce qu'il aurait voulu, étant surveillé. Il avait plus de soin de Madame Royale, qui n'eut qu'à se louer de ses manières pendant le temps qu'il a été de service. Il lui demandait souvent si elle n'avait besoin de rien, et la priait de lui dire ce qu'elle voudrait, et de le sonner quand elle aurait besoin de quelque chose. Il lui rendit un briquet et de la chandelle.

Au commencement de novembre arrivèrent des commissaires civils, c'est-à-dire un homme de chaque section, qui venaient passer vingt-quatre heures au Temple pour constater l'existence du Dauphin. Il vint aussi un autre commissaire, nommé Gomier, pour rester avec Laurent. Il eut un soin extrême du jeune Louis XVII. Depuis longtemps on avait laissé ce malheureux enfant sans lumière : Gomier obtint qu'il en eût à la fin du jour; il passait même quelques heures avec lui pour l'amuser. Gomier s'aperçut bientôt que ses genoux et ses poignets étaient enflés. Il crut qu'il allait se nouer; il en parla au comité, et demanda qu'il fût descendu au jardin pour faire de l'exercice. Il le fit d'abord descendre de sa chambre dans le petit salon, ce qui plaisait beaucoup à l'enfant, parce qu'il aimait à changer de lieu. Il reconnut bientôt les attentions de Gomier, et en fut touché ; il s'attacha à lui : ce malheureux enfant n'était accoutumé, depuis longtemps, qu'aux plus mauvais traitements. Il n'y a jamais eu d'exemple des recherches d'une telle barbarie envers un enfant. Le 19 décembre, le comité de sûreté générale vint au Temple à cause de sa maladie. Les membres vinrent aussi chez Madame Royale, mais ne lui dirent rien. L'hiver se passa assez tranquillement. Les gardiens étaient plus honnêtes, et voulaient même lui allumer son feu. Ils lui donnèrent du bois à discrétion, ce qui lui fit plaisir ; ils lui donnèrent les livres qu'elle demandait : Laurent lui en avait déjà procuré plusieurs. Son plus grand malheur était de ne pouvoir obtenir d'eux des nouvelles de sa mère et de sa tante.

Pendant l'hiver, le Dauphin eut quelques accès de fièvre : il était toujours auprès du feu. Laurent et Gomier l'engageaient à monter sur la tour pour prendre l'air; mais il y était à peine qu'il désirait redescendre, parce qu'il ne voulait pas marcher; sa maladie empirait, et ses genoux enflaient beaucoup.

Laurent s'en alla, et l'on mit à sa place Loine, brave homme, qui eut, avec Gomier, beaucoup de soin de l'enfant. Au commencement du printemps, ils engagèrent Madame Royale à monter sur la tour; ce qu'elle fit. La maladie de son frère empirait de jour en jour; ses forces diminuaient; son esprit même se ressentait de la dureté qu'on avait exercée depuis si longtemps envers lui. Le comité de sûreté générale envoya, pour le soigner, le chirurgien Desault : il entreprit de le guérir, quoiqu'il reconnût sa maladie très-dangereuse. Desault mourut : on lui donna pour successeurs M. Dumaugin et le chirurgien Pelletan. Ils ne conçurent aucune espérance : on lui donna cependant des médicaments, qu'il avala avec beaucoup de peine. La maladie, heureusement, ne le faisait pas beaucoup souffrir; c'était plutôt un abattement et un dépérissement que des douleurs vives. Il eut plusieurs crises fâcheuses; la fièvre le prit; ses forces diminuaient tous les jours, et il expira sans agonie.

Ainsi mourut, le 9 juin 1795, à trois heures après midi, Louis XVII, âgé de dix ans et deux mois. Les commissaires le pleurèrent, tant il s'était fait aimer d'eux par ses qualités aimables; il avait eu beaucoup d'esprit. Il n'a pas été empoisonné, comme quelques personnes l'ont cru : le seul poison qui ait abrégé ses jours, c'est la malpropreté, jointe aux horribles traitements, à la cruauté et aux duretés sans exemple qu'on a exercés contre lui (1).

(1) Ici se terminent nos Mémoires. Madame Royale resta encore six mois au Temple après la mort de son frère, et en sortit enfin le 19 décembre 1795, jour du dix-septième anniversaire de sa naissance. M. Hue, dans son ouvrage intitulé : *Des dernières années de la Vie de Louis XVI*, raconte ce qui s'est passé à ce sujet, et ce qu'il a pu connaître des derniers mois de captivité de l'illustre prisonnière (*).

(*) Extrait du 2e volume des Mémoires inédits de Mme de Tourzel, gouvernante des enfants de France :

Quand nous fûmes sortis de prison (*a*), et que nous eûmes un peu plus de liberté, nous cherchâmes à avoir de leurs nouvelles, mais on gardait un tel silence sur leur situation, que l'on ne pouvait former que des conjectures.

J'appris la mort du jeune roi hors de chez moi et sans aucune préparation. Je tombai alors dans un profond abattement, et je ne sortis de cet état que lorsque j'appris que l'Assemblée avait consenti à laisser mettre quelqu'un auprès de Madame. Mon attachement pour elle me rendit des forces, et je me déterminai à faire toutes les démarches nécessaires pour obtenir pour Pauline (*b*) et pour moi la faveur de partager de nouveau la captivité de cette jeune princesse.

Nous fûmes deux mois sans rien obtenir. Au bout de ces deux mois,

(*a*) Madame de Tourzel, conduite en prison au mois de mars 1794, n'en sortit qu'à la fin d'octobre, trois mois après la mort de Robespierre.

(*b*) Pauline de Tourzel, mariée depuis avec le comte de Béarn.

une dame que je ne connaissais pas vint me trouver, et m'offrit de me faire avoir la permission d'entrer au Temple pour voir Madame. On jugera facilement de la vivacité avec laquelle je lui demandai de me procurer un bonheur auquel j'attachais tant de prix, et dont j'aurais une reconnaissance éternelle. Elle revint le soir même me dire que la permission était accordée, et que je pouvais me la faire délivrer dès le lendemain. Je lui demandais comment je pourrais lui en témoigner ma reconnaissance. Elle répondit qu'elle était trop heureuse de faire une chose qui devait être agréable à Madame, qu'elle partait dans deux jours pour la campagne, et qu'elle ne demandait qu'un petit mot d'écrit, quand j'aurais vu Madame, qui lui marquât ma satisfaction du bonheur qu'elle m'avait procuré. Elle ne voulut pas me dire son nom, vint elle-même chercher le petit mot d'écrit chez moi, je ne l'ai pas revue, et n'ai jamais pu la découvrir depuis.

En arrivant au Temple, je remis ma permission aux deux gardiens de Madame, et je demandai à voir madame de Chantereine en particulier. Elle me dit que Madame était instruite de tous ses malheurs et qu'elle nous attendait. La princesse vint à notre rencontre, nous embrassa tendrement, et nous conduisit dans sa chambre, où nous confondîmes nos larmes sur tous les objets de ses regrets. Elle ne cessa de nous en parler, et nous fit le récit le plus déchirant du moment où elle se sépara du roi, son père, dont elle était si tendrement aimée. Quel touchant récit! Je ne puis ajouter au récit de Clery qu'un trait qui peint la grandeur d'âme de ce prince, et son amour pour son peuple. Je laisse parler Madame : « Mon père, au moment de se sé-
« parer de nous pour jamais, nous fit promettre à tous de ne jamais
« songer à venger sa mort. Il était bien assuré que nous regarderions
« comme sacré l'accomplissement de sa dernière volonté; mais la
« grande jeunesse de mon frère lui fit désirer de produire sur lui une
« impression encore plus forte. Il le prit sur ses genoux et lui dit :
« Mon fils, vous avez entendu ce que je viens de dire; mais, comme
« le serment a encore quelque chose de plus sacré que les paroles,
« jurez en levant la main que vous accomplirez les dernières volontés
« de votre père. Mon frère lui obéit en fondant en larmes, et cette
« bonté si touchante fit encore redoubler les nôtres. »

RÉCIT

DE

M. LE COMTE DE MONTBEL,

SUIVI DU TESTAMENT

DE MARIE-THÉRÈSE DE FRANCE.

Frohsdorf, 20 octobre 1851.

Nous venons d'assister à un douloureux et sublime spectacle : la fin calme, courageuse et chrétiennement résignée d'une grande et sainte existence, consacrée par soixante ans de malheurs inouïs, subis avec la constance d'une vertu inaltérable, et qui s'est éteinte, proscrite encore après tant d'années, en bénissant sa patrie; en pardonnant, sans exception, à tous les ennemis de sa famille. Le 19 octobre 1851, à onze heures dix-sept minutes du matin, la fille de Louis XVI et de Marie-Antoinette, la sœur de Louis XVII, la nièce de Madame Élisabeth, est allée rejoindre dans le ciel les victimes du Temple, dont les images entouraient son lit de mort, et semblaient l'appeler à venir enfin partager avec elles la couronne immortelle des martyrs.

Madame la comtesse de Marnes jouissait encore, le 12 octobre, d'une santé qui paraissait parfaite. Les Français nombreux qui l'entouraient à cette époque, et qu'avait attirés à Frohsdorf le désir de lui rendre hommage, le jour de sa fête, s'étonnaient de l'activité bienveillante avec laquelle elle se plaisait à leur montrer les environs de sa demeure ; de la vivacité de ses sentiments pour son pays : ils s'attristaient seulement quand ils lui entendaient dire avec émotion : « Chère France!... je suis trop âgée pour la revoir!... Que Dieu la protége! et qu'un jour mon neveu puisse lui faire reprendre le cours de ses glorieuses destinées! L'espoir désintéressé d'un bonheur que je ne partagerai pas sur la terre, suffit désormais à ma consolation!... »

Ce jour même, elle reçut une lettre de madame l'archiduchesse Sophie, mère de l'empereur, qui lui annonçait son intention de la visiter à l'occasion de sa fête. « Dans le cas où vous seriez empêchée de recevoir ma visite, lui disait-elle, je pourrais la remettre plus tard ; mais je n'y renonce pas ; car, ma chère tante, je me fais une fête de vous revoir... » Hélas! cette fête devait être cruellement troublée.

Le 13, pendant la messe, vers neuf heures trois quarts, madame la comtesse de Marnes éprouva les premières atteintes du mal auquel elle devait succomber : au moment de s'évanouir, elle quitta la chapelle ; mais, ferme contre la douleur, elle voulait se rendre au salon, quelques instants après, pour ne causer aucune inquiétude à sa famille. La pâleur et la contraction de ses traits nous effrayèrent ; M. le comte et madame la comtesse de Chambord la supplièrent de rentrer dans son appartement, et firent appeler M. le baron Thévenot, son médecin, qui lui donna tous les secours qu'exigeait son état.

Le 14, madame l'archiduchesse Sophie arriva de Schœnbrünn avec sa suite. Madame la comtesse de Marnes voulait absolument se lever pour la recevoir; le médecin fut obligé de lui faire un devoir de conscience de rester dans son lit, d'où elle ne pouvait sortir sans un danger immédiat. L'archiduchesse vint la voir dans sa chambre; elles s'entretinrent longtemps ensemble; l'auguste malade parlait librement et avec une grande affection de tout ce qui intéresse au plus haut degré les nobles sentiments et le cœur maternel de l'archiduchesse... La maladie semblait oubliée; on eût dit qu'elle avait cédé aux soins de la médecine.

Le 15, jour de sa fête, le nonce apostolique, monseigneur Viale, vint la visiter et célébrer la messe à Frohsdorf, à son intention. L'archiduc Maximilien d'Este arriva aussi pour la complimenter; mais le docteur Thévenot défendit qu'elle reçût aucune visite, craignant l'agitation qui commençait à se manifester et annonçait un redoublement de fièvre. M. le comte et madame la comtesse de Chambord lui apportèrent seuls leurs hommages, et cette journée, qui devait être heureuse, fut profondément attristée. D'ailleurs, comme symbole de la destinée de cette princesse, son jour de fête était immédiatement suivi du terrible anniversaire de l'atroce assassinat de la Reine Marie-Antoinette. Ce jour néfaste, qu'elle passait dans le deuil et la retraite la plus absolue, réveillait tous les souvenirs les plus douloureux de son âme, et nous en redoutions alors de plus dangereux effets. « Rien ne pourra m'empêcher, nous disait-elle, d'aller demain, à la chapelle, rendre à la mémoire de ma mère les devoirs auxquels je n'ai jamais manqué. »

Dans la nuit, son état s'aggrava d'une manière désolante. A côté d'elle veillait sans cesse madame de Sainte-Preuve, dont elle avait protégé les premières années, et qui est la petite-fille de sa respectable institutrice, madame de Fréminville. « Ma chère enfant, lui dit-elle, il faut nous quitter; entendez-vous ce qui se passe dans ma poitrine? Ne vous y trompez pas : c'est le râle de la mort! » Madame de Sainte-Preuve, agenouillée auprès du lit, ne pouvait retenir ses larmes. « Qu'est-ce donc qui mouille mes mains? » lui dit-elle; et, s'exaltant dans le délire de la fièvre, elle priait avec ferveur, improvisant des litanies; elle répétait souvent : « Saints patriarches, saints anges, protégez mon neveu! sauvez la France!... Mon Dieu! disait-elle aussi, recevez mon âme, dans votre miséricorde, tout indigne que j'en suis!... Écoutez la prière de votre humble servante sur le seuil de l'éternité!... »

Malgré cette nuit funeste, malgré le râle qui persistait, dès le matin elle voulut s'élancer de son lit afin d'aller prier pour sa mère; nous parvînmes à la retenir, en lui disant que le nonce venait de célébrer le saint sacrifice pour Marie-Antoinette. « Témoignez-lui combien j'en suis touchée et reconnaissante, répondit-elle. » M. l'abbé Trébuquet lui proposa alors d'accomplir les vœux de son cœur en recevant la communion en viatique. Elle saisit cette idée avec bonheur; le calme rentra dans son âme, qui s'éleva vers Dieu avec la haute piété qui était sa vie habituelle.

Le soir, le docteur Seeburger, premier médecin de l'empereur, vint unir ses lumières à celles du docteur Thévenot; ils cherchèrent ensemble à se rendre un compte exact de l'état de la malade, et des moyens qu'on pourrait employer pour la sauver. Ils constatèrent que le mal était une pleuro-pneumonie aiguë d'une nature tellement grave, qu'il n'y avait presque plus de ressources. Toutefois, dans la nuit et le lendemain matin, il se manifesta une réaction favorable qui rendit aux médecins, et à nous tous, l'espérance que nous avions perdue. Profitant de cette amélioration inespérée, madame la comtesse de Marnes se fit placer dans un canapé et transporter dans son salon de travail, près de son bureau, dont elle ouvrit les tiroirs pour mettre ses papiers en ordre. Elle m'interrogea avec une lucidité parfaite sur toutes les affaires de la colonie, dont elle m'avait confié la direction, s'informant en détail des intérêts de tous, même des personnes les plus humbles, et donnant quelques ordres, pour son service particulier, à M. de Sainte-Preuve, son secrétaire. Elle me demanda ensuite de lui lire les nombreuses lettres qui lui étaient adressées; elle les classa elle-même, et m'indiqua avec précision ce que je devais répondre. « Actuellement, me dit-elle, je veux voir Charles de Sainte-Maure ; sa présence me rappelle son excellente mère, que j'ai tant aimée, et dont la mort funeste a été causée par son affection pour moi. Vous appellerez ensuite Stanislas de Blacas ; j'ai quelques communications à transmettre, par lui, à son frère et à sa famille. Je voudrais bien voir aussi M. de Villette ; mais il est sourd ; je serais obligée d'élever la voix ; ma poitrine est trop fatiguée ; j'en suis peinée : il est si attaché à mon neveu ! Plus tard, vous m'amènerez la bonne madame de Chabannes ; je veux qu'elle donne de mes nouvelles à madame de Rougé, qui se désolera d'être partie de Frohsdorff au moment où j'allais tomber malade. Qu'elle écrive aussi à Caroline de Choiseul, que, pour venir à mon aide, elle ne doit pas quitter son père dans l'état de souffrance où il se trouve ; c'est à lui, premièrement, qu'elle doit ses soins et ses consolations. Vous écrirez à la duchesse de Lévis combien je suis touchée de son aimable lettre et de son désir de me revoir... Je la reverrais moi-même avec grand plaisir ; mais je suis si âgée et si malade !... A la volonté de Dieu ! J'en parlerai plus longuement avec M. de Lévis... » J'amenai les personnes qu'elle m'avait indiquées ; elle les garda avec elle quelques minutes.

« Appelez à présent, me dit-elle, M. Charlet, et qu'il m'apporte tous ses papiers ; c'est un travail que j'ai à régler avec lui, tandis que j'en ai encore la force ; j'y attache beaucoup d'importance. » Il s'agissait d'une liste de secours considérables, qu'elle voulait faire distribuer à des personnes malheureuses. Son dernier acte fut ainsi consacré à cette bienfaisance qui a soulagé tant d'infortunes.

M. le docteur Thévenot la supplia de rester dans un repos absolu ; il appréhendait le retour des accidents qui nous avaient si effrayés la veille. Le calme disparut en effet ; la fièvre se représenta avec le caractère le plus alarmant ; les organes cérébraux furent envahis dans la nuit. Dès lors ce ne fut plus qu'une suite de prières ferventes. « Mon Dieu ! disait-elle, je vous demande pardon de mes fautes ; assistez votre humble servante dans ce moment, qui va décider de mon éternité ! »

Les docteurs Thévenot et Seeburger passèrent la nuit auprès d'elle, employant toutes les ressources de la science ; mais, hélas ! sans aucun succès : les forces s'éteignaient, les mouvements étaient paralysés. Cependant encore, dès que M. le comte de Chambord lui adressait la parole, c'était comme la résurrection de son intelligence ; à cette voix aimée, elle répondait exactement et avec une tendresse maternelle. « Adieu ; je suis anéantie ! » telles furent ses dernières paroles.

Courbée sur ce lit de douleur, madame de Sainte-Preuve humectait les lèvres desséchées de l'auguste malade ; elle devinait sa volonté à ses moindres mouvements, et la secourait dans ses angoisses avec le zèle intelligent et tendre d'une sœur de la charité qui soigne sa mère expirante. M. l'abbé Trébuquet récitait les prières des agonisants; parfois elle les suivait avec ardeur; mais le râle devenait toujours plus faible. M. le comte et madame la comtesse de Chambord, agenouillés, priaient éplorés avec toute la colonie... Un silence subit et profond glaça nos cœurs... Au-dessus de la mourante était un tableau représentant l'ange consolateur, qui montre à Louis XVI l'éclat de la gloire céleste... Le digne prêtre éleva son bras et la croix vers cette image... unissant ainsi à la pensée de la grande expiation du Calvaire les douloureux souvenirs du 21 janvier, et le sacrifice actuel de la vertu proscrite expirant dans l'exil. Nos âmes comprirent son âme; nos cœurs répétèrent avec le sien : « Fille de saint Louis et de Louis XVI, montez au ciel!... »

Marie-Thérèse de France n'est plus!... Elle a passé, en faisant le bien sans ostentation, en subissant toutes les douleurs sans murmure.... Les grandeurs d'ici-bas ne lui ont pas été légères; Dieu avait marqué sa place dans le ciel.... que sa volonté soit faite!...

L'oraison funèbre la plus digne de cette princesse, c'est le testament où elle a retracé les pensées de son cœur; nous en transcrivons les dispositions principales.

Au nom de la sainte Trinité, Père, Fils et Saint-Esprit!

Je me soumets en tout aux volontés de la Providence : je ne crains pas la mort; et, malgré mon peu de mérites, je m'en rapporte entièrement à la miséricorde de Dieu, lui demandant toutefois le temps et la grâce de recevoir les derniers sacrements de l'Église avec la piété la plus fervente.

Je meurs dans la religion catholique, apostolique et romaine, dans laquelle j'ai vécu aussi fidèlement qu'il m'a été possible, et à qui je dois toutes les consolations de ma vie.

A l'exemple de mes parents, je pardonne de toute mon âme, et sans exception, à tous ceux qui ont pu me nuire et m'offenser, demandant sincèrement à Dieu d'étendre sur eux sa miséricorde aussi bien que sur moi-même, et le suppliant de m'accorder le pardon de mes fautes.

Je remercie tous les Français qui sont restés attachés à ma famille et à moi, des preuves de dévouement qu'ils nous ont données, des souffrances et des peines qu'ils ont subies à cause de nous.

Je prie Dieu de répandre ses bénédictions sur la France, que j'ai toujours aimée, au milieu même de mes plus amères afflictions.

Je remercie l'empereur d'Autriche de l'asile qu'il a accordé dans ses États à ma famille et à moi. Je suis reconnaissante des preuves d'intérêt et d'amitié que j'ai reçues de la famille impériale, surtout dans des circonstances bien douloureuses. Je suis sensible aussi aux sentiments que m'ont manifestés un grand nombre de ses sujets, particulièrement les habitants de Goritz.

Ayant toujours considéré mon neveu Henri et ma

nièce Louise comme mes enfants, je leur donne ma bénédiction maternelle ; ils ont eu le bonheur d'être élevés dans notre sainte religion : qu'ils lui restent constamment fidèles, qu'ils soient toujours les dignes descendants de saint Louis ! Puisse mon neveu consacrer ses heureuses facultés à l'accomplissement des grands devoirs que sa position lui impose ! Puisse-t-il ne s'écarter jamais des voies de la modération, de la justice et de la vérité !

J'institue mon neveu Henri, comte de Chambord, mon légataire universel.

Je veux que mes restes soient déposés à Goritz, dans le caveau des Franciscains, entre mon mari et son père. On ne fera pas pour moi de service solennel ; on dira seulement des messes pour le salut de mon âme.

(Suivent des dispositions rémunératoires à plusieurs anciens serviteurs, des legs en faveur des pauvres, et des souvenirs d'affection.)

SUR LA MORT

DE

MADAME LA DUCHESSE D'ANGOULÊME,

Par Sainte-Beuve (1).

. . . .

Le trait qui domine dans cette longue vie de souffrance, de martyre dès les jeunes ans, et toujours de bouleversement et de vicissitudes, est une vérité parfaite, une parfaite simplicité, et, on peut dire, une entière et inaltérable uniformité. Cette âme droite, juste et noble s'était de bonne heure fixée, et, à aucun moment depuis, elle ne vacilla. Elle s'était fixée durant les années mêmes qui sont pour toute jeunesse celles de la légèreté, de la joie et de la première fleur, durant ces trois ans et quatre mois de captivité au Temple, où elle vit mourir, l'un après l'autre, son père, sa mère, sa tante et son frère. Elle y était entrée avant d'avoir quatorze ans, elle en sortit le jour où elle en avait dix-sept. A cet âge, elle n'avait pas encore dans les traits du visage ces formes prononcées et un peu fortes sous lesquelles nous l'a-

(1) Nous sommes heureux de joindre à notre recueil l'extrait d'un article donné par M. Sainte-Beuve dans le *Constitutionnel* du 2 novembre.

vous vue. Le portrait qu'on a d'elle à cette époque du Temple, un profil avec les cheveux négligemment noués, a de la finesse dans la correction, de la noblesse et de la gravité sans surcharge. Le malheur, en pesant sur son front, n'y a pas encore posé cette marque qui ne s'accusera que quelques années plus tard, et qui lui donnera, en vieillissant, de plus en plus de ressemblance avec Louis XVI. Mais à la fin de cette année 1795, si l'enveloppe gardait en elle quelque chose de la première jeunesse, l'âme était mûre, elle était faite et aguerrie désormais. Au fond même, l'organisation si forte et si saine avait reçu des atteintes. Le foie souffrait, et avait sa blessure. Ce tendre rejeton d'une si longue et si illustre race était frappé et desséché peut-être jusque dans ses futurs rameaux. En sortant du Temple, si on ose se former l'idée de ces mystères de la douleur, il me semble que la vie comme l'âme de Madame Royale était achevée dans ce qu'elle avait d'essentiel; elle était fermée du côté de l'avenir: toutes ses sources et toutes ses racines étaient désormais dans le passé. Notre cœur, pour peu qu'il ait un jour dans la vie, fixe ou ramène notre sensibilité à une certaine heure, qui est celle qu'on entend volontiers résonner lorsqu'on rentre en soi et qu'on rêve. Madame la duchesse d'Angoulême, qui ne rêvait pas mais qui priait, quand elle rentrait en elle (et, sans avoir à y rentrer, elle y habitait sans cesse), entendait sonner cette même heure qui était celle de l'horloge du Temple et de l'agonie de ses parents.

Elle a raconté l'histoire de sa captivité et des événements arrivés au Temple depuis le jour où elle y entra jusqu'au jour où y mourut son frère, et elle l'a fait d'un style simple, correct, précis, sans un mot de trop, sans une phrase, comme il sied à un cœur profond et à un esprit juste parlant en toute sincérité des douleurs vraies, de ces douleurs véritablement ineffables et qui surpassent tout ce qu'on en peut dire. Elle s'y oublie elle-même et sans affectation, le plus qu'elle peut; et elle s'arrête au moment où meurt son frère, la dernière des quatre victimes immolées. Parlons d'elle ici plus qu'elle ne l'a fait elle-même.

Marie-Thérèse-Charlotte de France, née le 19 décembre 1778, était le premier enfant de Louis XVI et de la reine Marie-Antoinette. Il y avait sept ans déjà que la Reine était mariée, quand un jour elle fit part aux personnes de son intérieur de sa première joie d'épouse et de ses futures espérances. Un an après environ, elle accoucha de Madame. Si jusque-là la timidité de Louis XVI auprès de sa jeune épouse avait été extrême, sa passion à ce moment ne l'était pas moins, et cette enfant, qui en était le premier fruit, devait être en grande partie son image. La bonté, la droiture, toutes les qualités solides et vertueuses de son père se transmirent directement au cœur de Madame; et Marie-Antoinette avec toute sa grâce ne put même empêcher qu'un peu de cette rudesse de geste ou d'accent, qui couvrait les vertus de Louis XVI, ne se glissât jusque dans la nature toute franche de sa fille. Elle oublia aussi de lui transmettre ce que les femmes ont si aisément, le désir de plaire et le naissant éveil d'une coquetterie même la plus innocente, ce semble, et la plus permise. Madame Royale n'en eut jamais l'idée ni le soupçon. Ou bien, s'il avait pu s'en mêler un peu à l'origine, ce peu disparut tout à fait dans les épreuves de cette enfance et de cette jeunesse si opprimée et si désolée. Il ne faut pas cesser de le répéter pour comprendre madame la duchesse d'Angoulême : tout ce qui s'appelle fleur et joie première, cet aspect enjoué et enchanté sous lequel, en entrant dans la vie, on voit si naturellement toutes choses, fut supprimé, flétri de bonne heure pour elle. Son âme, à peine à son premier duvet, fut tout de suite réduite et comme usée jusqu'à la trame : trame solide et indestructible qui résista et se fortifia sous toutes les atteintes, qui se trempa dans les larmes et dans la prière, mais qui rejetait loin d'elle, à l'égal d'un mensonge, tout ce qui eût été grâce et ornement. C'est que, pour elle qui avait pleuré de vraies larmes comme elle ne cessa d'en pleurer, ç'aurait été en effet un mensonge.

. . . .

Elle n'avait pas onze ans quand, avec les terribles journées d'octobre 1789, son rôle public aux côtés de sa mère commença. Il lui fallut paraître au balcon ou s'en retirer à la voix d'une populace furieuse, et, dans ces flux et reflux de l'orage populaire dont elle s'efforçait de deviner le sens, elle ne sentait bien qu'une seule chose, l'étreinte de la main de sa mère qui la pressait contre elle avec le froid de la mort.

En même temps, dans cette habitation des Tuileries, où la famille royale était resserrée, elle reçut, et de sa mère, de plus en plus grave, et de sa noble tante Élisabeth, et de son père, les leçons d'une instruction positive et solide, et les exemples d'une religion domestique inaltérable. Elle était élevée au dedans comme l'enfant de la plus chaste et de la plus unie des nobles familles, avec les transes mortelles de plus et les angoisses jour et nuit.

. . . .

C'est dans cette suite de transes, d'énigmes et de cauchemars pénibles, que se passeront pour elle les années et le songe d'ordinaire si léger de l'enfance.

En entrant au Temple, il n'y avait plus d'énigme, et le voile tout entier se déchira. Le monde, pour elle, se présentait comme partagé nettement en deux, les bons et les méchants : les méchants, c'est-à-dire tout ce que l'imagination humaine, dans les heures de paix et de régularité sociale, ose à peine se représenter à nu, la brutalité dans toute sa grossièreté et sa bassesse, le vice et l'envie dans toute l'ivresse ignoble de leur triomphe et dans la cruauté de leurs raffinements ; les bons, c'est-à-dire quelques-uns, touchés, pleurant, timides, adoucissant le mal à la dérobée et se cachant.

Pour que le jeune cœur de Madame Royale ne prît point à cette heure une haine irréconciliable et un mépris sans retour pour la race humaine, pour qu'elle conservât sa sérénité, sa candeur, sa foi, son espérance au bien, il fallut les divins exemples et les secours qu'elle trouva autour d'elle, surtout dans sa tante Élisabeth, cette personne céleste; il fallut cette religion précise, pratique, dont nul esprit fort n'aura jamais le droit de sourire, puisqu'elle seule est de force à soutenir et à consoler de telles douleurs. Un jour (20 avril 1793) le misérable Hébert, avec quelques municipaux, arriva dans la prison à dix heures du soir; les prisonniers venaient de se coucher :

« Nous nous levâmes précipitamment, dit Madame Royale. Ils nous lurent un arrêté de la commune qui ordonnait de nous fouiller à discrétion, ce qu'ils firent exactement jusque sous les matelas. Mon pauvre frère dormait; ils l'arrachèrent de son lit avec dureté, pour fouiller dedans; ma mère le prit tout transi de froid. Ils ôtèrent à ma mère une adresse de marchand qu'elle avait conservée, un bâton de cire à cacheter qu'ils trouvèrent chez ma tante, et à moi ils me prirent un Sacré-Cœur de Jésus et une prière pour la France. Leur visite ne finit qu'à quatre heures du matin... Ils étaient furieux de n'avoir trouvé que des bagatelles. »

Ce Sacré-Cœur de Jésus et cette prière pour la France se tiennent plus étroitement qu'il ne semble, et il fallait peut-être avoir toute la foi à l'un pour pouvoir à ce moment prier pour l'autre.

. . . .

Le récit qu'elle a tracé des événements du Temple fut écrit au Temple même dans les derniers mois de sa détention, et quand on se fut relâché de l'extrême rigueur. Elle ne craint pas d'y indiquer quelques-uns des officiers municipaux qui, étant de garde à leur tour, entraient dans les chagrins de la famille royale, et les adoucissaient par leurs égards et leur sensibilité :

« Nous connaissions de suite à qui nous avions affaire, dit-elle ; ma mère surtout, qui nous a préservés plusieurs fois de nous livrer à de faux témoignages d'intérêt... Je connais tous ceux qui s'intéressèrent à nous ; je ne les nomme pas, de peur de les compromettre dans l'état où sont les choses, mais leur souvenir est gravé dans mon cœur ; si je ne puis leur en marquer ma reconnaissance, Dieu les récompensera ; mais si un jour je puis les nommer, ils seront aimés et estimés de toutes les personnes vertueuses. »

Cette jeune fille royale, qui croit naturellement au droit de sa race, veut exprimer par là que la fidélité à ses rois dans le malheur est un devoir et une vertu ; mais, même quand il n'en serait pas tout à fait comme elle le pense, son expression droite et naïve ne l'a point trompée ; elle dit vrai encore : car ce qui n'était plus un devoir de fidélité peut-être, en était un pour le moins d'humanité, et quiconque a passé le seuil du Temple en ces trois années et y a paru compatissant à de telles infortunes, mérite l'estime, de même que quiconque y a passé sans être touché au cœur ni serviable a une mauvaise marque.

Dans ce récit exact, méthodique, sensé et touchant, Madame donne la mesure de sa raison précoce et de son bon jugement dans les choses de l'âme. Elle s'y montre très-frappée de la dignité de sa mère qui, aux paroles de diverse sorte qu'on adressait aux nobles captifs, n'opposait le plus souvent que le silence : « Ma mère, comme à l'ordinaire, ne dit mot, écrit Madame à propos d'une nouvelle insultante qu'on leur annonçait, et elle n'eut pas même l'air d'entendre ; souvent son calme si méprisant et son maintien si digne en imposèrent : c'était rarement à elle qu'on osait adresser la parole. » Ce n'est que le premier jour du procès de Louis XVI, quand elle le voit emmener pour être interrogé à la barre de la Convention, ce n'est que ce jour-là que Marie-Antoinette succombe à son inquiétude et qu'elle rompt son silence généreux : « Ma mère avait tout tenté auprès des municipaux qui la gardaient, pour apprendre ce qui se passait ; c'était la première fois qu'elle daignait les questionner. » Dans ce récit tout simple et que nul ne lira sans larmes, il y a des traits qui font une impression profonde, et dont la plume qui écrit ne se doute pas. Madame a un mal au pied (les engelures par suite du froid), et qui se complique d'un mal plus intérieur. Louis XVI, sur ces entrefaites, est condamné. Sa famille, qui avait espéré le revoir une dernière fois et l'embrasser le matin même de sa mort, est dans la désolation qu'on peut concevoir :

« Mais rien, écrit Madame, n'était capable de calmer les angoisses de ma mère ; on ne pouvait faire entrer aucune espérance dans son cœur . il lui était devenu indifférent de vivre ou de mourir. Elle nous regardait quelquefois avec une pitié qui faisait tressaillir. *Heureusement le chagrin augmenta mon mal, ce qui l'occupa*. On fit venir mon médecin... »

Heureusement, ce mot échappé par mégarde dans cette image de douleur fait un effet étrange, et qu'une parole à la Bossuet n'égalerait pas.

C'est en songeant à ces scènes douloureuses du Temple, que M. de Chateaubriand, qu'il ne faut pourtant pas confondre ici (comme on l'a fait trop souvent) avec Bossuet, a dit dans *Atala*, par la bouche du père Aubry : « L'habitant de la cabane et celui des palais, tout souffre, tout gémit ici-bas ; les reines ont été vues pleurant comme de simples femmes, et l'on s'est étonné de la quantité de larmes que contiennent les yeux des rois. »

Un poëte populaire, faisant allusion à cette phrase célèbre, mais continuant de mettre en opposition les classes, a dit :

De l'œil des rois on a compté les larmes;
Les yeux du peuple en ont trop pour cela !

Une pareille idée d'opposition ne se présentera jamais, je puis l'assurer, à celui qui viendra de relire le simple récit chrétien et humain de Madame Royale au Temple. Tout esprit de parti se désarme et expire en le lisant, et il n'y a place qu'à une compassion et à une admiration profondes. La douceur, la piété, la pudeur, animent ces pages de la jeune fille si froissée. Elle passe seule, avec Madame Élisabeth, l'hiver de 93-94 : « On nous tutoya beaucoup pendant l'hiver, dit-elle. Nous méprisions toutes les vexations ; mais ce dernier degré de grossièreté faisait toujours rougir ma tante et moi. » Le plus cruel moment pour elle fut celui où, après la mort de son père, après la disparition de sa mère, de sa tante, ignorant le sort définitif de ces deux têtes si chères, dans les semaines qui précédèrent le 9 thermidor, elle entendait de loin son frère, déjà en proie aux corrupteurs, et à qui le cordonnier Simon faisait chanter des chansons atroces :

« Pour moi, dit-elle, je ne demandais que le simple nécessaire ; souvent on me le refusait avec dureté. Mais au moins je me tenais propre ; j'avais du savon et de l'eau ; je balayais la chambre tous les jours ; j'avais fini à neuf heures, que les gardes entraient pour m'apporter à déjeuner. Je n'avais pas de lumière ; mais, dans les grands jours, je souffrais moins de cette privation. On ne voulait plus me donner de livres ; je n'en avais que de piété et des voyages que j'avais lus mille fois. »

. . . .

Sortie de France, à Vienne, puis à Mittau, où on la marie à son cousin, partout, dans les exils divers où la ballotta la fortune, elle est la même : la vie du Temple est là comme dans le fond de son oratoire, pour dominer chacune de ses journées et lui en dicter l'emploi. Soumise à son oncle, dans lequel elle voit à la fois un roi et un père, elle ne songe qu'à réunir toutes ses religions et à les pratiquer fidèlement. Une scène des plus touchantes, et qui est très-bien racontée par un de ses historiens (M. Nettement), c'est lorsqu'à Mittau, en mai 1807, elle veut soigner et assister jusqu'à la fin l'abbé Edgeworth de Firmont, ce même prêtre qui avait accompagné Louis XVI jusqu'à l'échafaud. Une fièvre contagieuse s'était déclarée parmi les prisonniers français amenés à Mittau par suite des événements de la guerre. L'abbé Edgeworth, en leur donnant ses soins, avait contracté cette maladie, une espèce de typhus; et c'est en ces circonstances extrêmes que Madame d'Angoulême ne voulut jamais l'abandonner : « Moins il a connaissance de ses besoins et de sa position, disait-elle, plus la présence d'une amie lui est nécessaire.... Rien ne m'empêchera de soigner moi-même l'abbé Edgeworth; je ne demande à personne de m'accompagner. » Elle voulait lui rendre, autant qu'il était en elle, ce qu'il avait apporté de consolation et de secours à Louis XVI mourant. Madame la duchesse d'Angoulême vécut et habita continuellement dans cet ordre de pensées, sans s'en laisser distraire un seul jour.

. . . .

La seconde Restauration ne put lui rendre aucune ivresse; en rentrant aux Tuileries, elle y voyait Fouché, un régicide, ministre du Roi. Sa religion droite et inviolable ne pouvait admettre un seul instant ces transactions monstrueuses que la politique elle-même a peine à comprendre, et que certainement elle n'exigeait pas. Depuis ce moment de 1815, on ne saurait rencontrer Madame d'Angoulême dans aucun acte politique proprement dit, et toute sa vie fut de famille et d'intérieur.

J'ai interrogé sur son compte des hommes qui l'ont beaucoup approchée, et voici ce qui m'a été répondu. Chaque jour pour elle se ressemblait, excepté les jours funèbres et marqués par les plus douloureux anniversaires. Elle se levait de grand matin, à cinq heures et demie par exemple ; elle entendait vers six ou sept heures une messe pour elle seule. On conjecture qu'elle y communiait souvent, mais on ne la voyait pas communier, si ce n'est peut-être aux grands jours. Rien de solennel, aucun apparat ; elle était toute en humble chrétienne à l'acte religieux ; elle faisait discrètement et secrètement les choses saintes.

Elle vaquait de grand matin aux soins de son appartement et de sa chambre, aux Tuileries, presque comme elle faisait au Temple.

Elle ne parlait jamais des choses pénibles et saignantes de sa jeunesse, sinon à très-peu de personnes de son intimité. Le 21 janvier et le 16 octobre, jours de la mort de son père et de sa mère, elle s'enfermait seule, ou quelquefois elle faisait demander, pour l'aider à passer ces journées cruelles, quelque personne avec laquelle elle était à l'unisson de deuil et de piété (feu madame de Pastoret, par exemple).

Elle était aumônière à un degré qu'on ne sait pas, et qu'il est difficile d'approfondir ; ceux qui étaient le plus au fait de ses charités et de ses œuvres en découvrent chaque jour qui sortent comme de dessous terre, et qu'on n'avait pas connues. Elle était en cela de la véritable lignée directe de saint Louis.

Sa vie était la plus régulière du monde et la plus simple, soit aux Tuileries, soit depuis dans l'exil. La conversation de son intérieur était fort naturelle. Dans les moments où le malheur faisait trêve autour d'elle, on remarquait qu'elle aurait eu volontiers dans l'esprit ou dans l'humeur une certaine gaieté dont elle n'eut, hélas ! à faire que trop peu d'usage. Mais dans l'intimité, aux meilleurs jours, elle se laissait quelquefois aller sinon à dire, du moins à écouter des choses assez gaies. Quand elle se sentait en pays sûr et ami, une certaine plaisanterie ne l'effrayait pas. Lorsqu'aux jours de fête il lui arrivait de faire représenter des pièces pour son spectacle, elle ne choisissait pas les plus sérieuses.

Même à travers l'habitude des peines, une sorte de joie enfin surnageait, comme il arrive aux âmes austères et éprouvées que la religion a guidées et consolées dans tous les temps.

La politique n'était point son fait ; elle n'aimait point les affaires. On n'influait pas sur elle. Sa politique, qui d'elle-même eût été sensée, se réglait toute en définitive sur les désirs du Roi. Elle pensait que quand le Roi voulait décidément quelque chose, il n'était pas permis d'y résister, si bon royaliste qu'on fût d'ailleurs. MM. de Villèle et de Corbière, en résistant au Roi, lui déplaisaient autant qu'auraient pu faire les libéraux eux-mêmes.

. . . .

Dans son dernier exil à Frohsdorf, visitée, en décembre 1848, par un voyageur français (M. Charles Didier), celui-ci se hasarda à lui dire : « Madame, il est impossible que vous n'ayez pas vu dans la chute de Louis-Philippe le doigt de Dieu. — *Il est dans tout*, » répondit-elle avec simplicité, avec un tact qui vient de la religion et du cœur.

C'est cette même délicatesse morale qui, dans son union avec M. le duc d'Angoulême, lui fit oublier constamment ce qu'il pouvait y avoir d'inégal et à son avantage. Elle avait le soin de le laisser toujours en avant sur le premier plan : délicatesse d'autant plus vraie qu'on ne sait même si elle en a eu conscience.

J'ai dit l'ordre de sentiments où il faut se borner à la chercher et à l'admirer. Ne demandez à cette âme de bonne heure froissée et dépouillée, ni coquetterie d'esprit ni grâce légère. Elle aurait considéré comme une profanation et comme un sacrilége l'idée de faire de son malheur et de celui des siens, de sa vertu et de l'intérêt respectueux qu'elle inspirait, un moyen de politique, de succès et d'attrait, même pour ce qu'elle croyait la bonne cause. Elle s'en serait accusée devant Dieu, et quand le souvenir direct de ce qu'elle avait perdu de cher lui apparaissait, elle ne savait que se voiler, se dérober en pleurant et sangloter.

C'est assez indiquer cette auguste physionomie que nul n'est tenté de méconnaître : solidité, bon sens, bonté, un certain fonds de gaieté, je l'ai dit, une simplicité parfaite, tels sont les traits dont se composait cette nature. La religion avec la charité y a mis le sceau sublime. Elle a eu la religion la plus pratique, la plus unie et la plus étrangère à tout effet sur autrui et à toute considération mondaine. On n'a jamais porté plus simplement, plus chrétiennement et plus naturellement à la fois un plus grand malheur.

Madame la duchesse d'Angoulême est morte à Frohsdorf le 19 octobre 1851, à l'âge de soixante-treize ans moins deux mois, et dans la vingt-et-unième année de son dernier exil. Son précédent exil avait duré dix-huit ans (sans compter les Cent-Jours). Il avait été précédé d'une prison au Temple de plus de trois ans, et d'une résidence forcée aux Tuileries de près de trois autres années au sein de l'émeute. C'est là le cadre de cette destinée de douleur et de sacrifice, sur laquelle l'antiquité eût versé aussitôt la poésie et l'idéal, mais qui ne nous laisse entrevoir qu'une beauté intérieure, à demi voilée, comme il sied au christianisme.

SUR MADAME LA DUCHESSE D'ANGOULÊME,

Par J. Lemoine (1).

« S. A. R. Madame la duchesse d'Angoulême est morte à Frohsdorff le 19 octobre, à onze heures du matin. Marie-Thérèse-Charlotte de France, fille de Louis XVI et de Marie-Antoinette, était née à Ver-

(1) Extrait du *Journal des Débats*.

sailles le 19 décembre 1778, et était, par conséquent, âgée de soixante-treize ans.

« Il y avait près de soixante ans, presque jour pour jour, que sa noble et infortunée mère montait à l'échafaud de la Terreur : les deux anniversaires peuvent se confondre, car la vie de l'auguste fille de Marie-Antoinette n'a été qu'un long et constant martyre.

« Il est rarement dans la destinée des personnages publics d'attendrir les cœurs et d'exciter la sensibilité. Il semble que nous soyons moins émus et moins touchés par ces grandes infortunes qui participent à la généralité de l'histoire, que nous ne le sommes par les malheurs privés. Mais quand on considère la somme immense de douleur amassée sur cette auguste orpheline, la grandeur et la persévérance des malheurs qui ont fait de sa vie un perpétuel holocauste, on ne peut s'empêcher d'éprouver tout ce que le sentiment de la pitié renferme de pieux et de respectueux. C'est bien à propos de la fille de Louis XVI et de Marie-Antoinette qu'on peut s'étonner, avec Bossuet, de la quantité de larmes que peuvent contenir les yeux des reines. Sa vie peut se résumer en un seul mot : elle a été malheureuse depuis le premier jour jusqu'au dernier.

« Marie-Thérèse de France avait treize ans quand elle entra au Temple pour y partager la captivité de son père, de sa mère, de son frère et de sa tante. Elle vit successivement tomber autour d'elle tout ce qu'elle aimait : son père fut guillotiné le 21 janvier 1793 ; sa mère, le 16 octobre ; sa tante, Madame Élisabeth, le 9 mai 1794 ; son frère assassiné jour par jour, expira dans sa prison le 8 juin 1795. Restée seule de ce groupe de victimes, la jeune princesse ne fut rendue à la liberté qu'au mois de décembre 1795, lorsqu'elle fut échangée contre les commissaires que Dumouriez avait livrés aux Autrichiens. Madame Royale, ainsi qu'on l'appelait, alla d'abord à Vienne; puis, au mois de mai 1798, elle rejoignit à Mittau son oncle, depuis le roi Louis XVIII, et ce fut là que, le 10 juin suivant, elle épousa son cousin, M. le duc d'Angoulême, fils aîné de M. le comte d'Artois, depuis Charles X. Madame la duchesse d'Angoulême suivit toutes les vicissitudes de sa famille errante sur le continent, puis enfin en Angleterre, où elle demeura, à Hartwell, dans une profonde obscurité jusqu'à la Restauration. Le 3 mai 1814, elle rentra dans Paris avec Louis XVIII; elle était à Bordeaux quand l'empereur débarqua à Cannes. Forcée de nouveau de s'expatrier, elle retourna en Angleterre, et revint à Paris le 28 juillet 1815. Quinze ans après, dans ce même mois de juillet, une révolution nouvelle la rendait à l'exil; et enfin, il y a quelques jours, ayant auprès de son lit de mort M. le comte de Chambord, son neveu chéri, l'héritier de sa longue et glorieuse race, elle terminait une vie de vertus, de douleur, de prière et de sacrifice.

« Nous ne racontons point ici la vie politique de Madame la duchesse d'Angoulême. On a beaucoup altéré la vérité en disant autrefois qu'elle se mêlait activement aux affaires. On l'avait dit aussi de sa malheureuse mère, et nous avons vu dernièrement, par des récits fidèles, combien la reine Marie-Antoinette avait, au contraire, de répugnance et d'éloignement pour la politique. Les tragiques catastrophes au milieu desquelles avait grandi la prisonnière du Temple, avaient dû lui laisser un profond dédain de la terre.

« Dans le testament de Louis XVI, nous trouvons ces simples et belles paroles : « Je recommande mes « enfants à ma femme... Je lui recommande de leur « faire regarder les grandeurs de ce monde-ci (s'ils « sont condamnés à les éprouver) comme des biens « dangereux et périssables, et de tourner leurs re« gards vers la seule gloire solide et durable de l'é« ternité. » La pieuse fille de Louis XVI avait obéi à ce vœu suprême. Autant elle montrait de courage héroïque dans la lutte, autant elle montrait de résignation après que Dieu avait prononcé. Sa vie ne fut qu'un long et douloureux pèlerinage : ce que l'on pourrait appeler le chemin de la croix.

« Il y a des existences prédestinées que Dieu semble désigner pour porter le poids des fautes de l'humanité : ce sont, pour ainsi dire, les victimes élues. Dans les temps horribles que la fille de Louis XVI traversait, ses larmes étaient comme une offrande de chaque jour pour l'expiation des forfaits qui se consommaient autour d'elle. Il n'y a pas dans les livres une figure plus noble et plus douloureuse ; et même, à une époque où l'accumulation des catastrophes et la philosophie de l'histoire ont fini par endurcir les cœurs, la mort de Marie-Thérèse de France est encore une douleur générale. »

SUR MADAME LA DUCHESSE D'ANGOULÊME,

Par M. A. de la Guéronnière (1).

« Il restait encore un témoin de ce drame douloureux et terrible, commencé le 6 octobre 1790 à Versailles, continué le 20 juin aux Tuileries, et après le 10 août dans la prison du Temple, et dénoué sur l'échafaud où montèrent successivement en victimes et en martyrs, Louis XVI, Marie-Antoinette et leur sœur madame Élisabeth. Ce témoin auguste, dont le témoignage ne s'éleva jamais à la charge de son temps et de son pays, vient de disparaître. Dieu l'a rappelé à lui. Madame la duchesse d'Angoulême est morte à Frohsdorff le 19 octobre 1851. Elle est morte sans une plainte, sans un murmure, une prière sur les lèvres. Nous nous inclinons respectueusement devant cette femme qui aurait pu être une reine, et qui est une sainte.

« Madame la duchesse d'Angoulême fut le modèle de toutes les vertus sanctifiées par tous les malheurs. Sa vie fut irréprochable comme sa conscience. Elle portait en elle cette grandeur d'âme que la fortune

(1) Extrait du journal *le Pays*.

ne peut dégrader, et que les revers ne peuvent décourager. Inflexible comme le devoir, elle fut toujours semblable à elle-même, aussi bien dans les demeures de l'exil que dans les palais de la royauté.

« Son cœur était ouvert à tout ce qui était noble et généreux. Française par son sang, tous ses vœux étaient pour sa patrie. Chrétienne par son éducation, par ses malheurs et par ses convictions, toutes ses pensées et toutes ses espérances étaient en Dieu.

« Il est impossible que ce dernier soupir d'une telle femme, loin de la France, ne soit pas une émotion dans tous les cœurs, sans acception de partis. La France doit une réparation à cette victime innocente et pure, qui a payé de ses larmes, de ses deuils, de ses douleurs, de ses exils, de ses regrets de la patrie, et de sa mort sur une terre étrangère, le triomphe de la révolution française.

« Madame la duchesse d'Angoulême vivra dans l'histoire comme l'une des femmes qui ont le plus honoré son pays et son temps. Royalites ou républicains, tous le diront et le sentiront comme nous ; ce n'est pas l'esprit de parti qui nous dicte cet hommage, c'est l'esprit de justice. »

BIBLIOTHÈQUE NATIONALE R.F. IMPRIMÉS

MORT DE LA DUCHESSE D'ANGOULÊME.

ACROSTICHE.

Modèle de vertus, d'amour et de courage,
Auguste et saint débris du plus sombre naufrage,
Reine au sceptre brisé, fille de tant de rois,
Il nous fut refusé d'obéir à tes lois,
Et la mort ne nous laisse, hélas! que ton image...
Ton image? Elle est là, toujours dans notre cœur,
Harmonieux écho des voix d'un temps meilleur.
Exil, haine, vengeance, affront, deuil et martyre,
Rien ne peut te forcer, victime, à nous maudire,
Et ton dernier soupir fut pour notre bonheur.
Souris du haut des cieux, doux rayon d'espérance,
Et, près de saint Louis, veille encor sur la France!

ALPHONSE SAINTIN.

BIBLIOTHÈQUE NATIONALE R.F. IMPRIMÉS

TABLE DES MATIÈRES.

Page.

Notice sur Marie-Thérèse, par le marquis de Pastoret 1

Relation du voyage de Varennes, par Marie-Thérèse-Charlotte de France 39

Récit de la captivité de la famille royale au Temple, par Marie-Thérèse-Charlotte de France 47

Récit de monsieur le comte de Montbel, suivi du testament de Marie-Thérèse de France 105

Sur la mort de madame la duchesse d'Angoulême, par Sainte-Beuve 115

Sur la mort de Marie-Thérèse de France, par J. Lemoine . . . 129

Mort de Marie-Thérèse, par A. de la Guéronnière 133

Acrostiche 135

BIBLIOTHEQUE NATIONALE DE FRANCE
3 7531 01402971 5